故事领导力

不会讲故事的领导
不是好领导

王茜◎著

中国纺织出版社有限公司

内 容 提 要

好故事是吸引人的，它能带来广阔的想象空间，发人深省。会讲故事、讲好故事能使工作、沟通事半功倍。本书以"故事"为主题，分为上、下两篇。上篇主要带领读者走进故事，开启读者的故事思维，包括故事影响他人的科学道理、任何处境都需要故事、大道理不如小故事、故事不同的作用和意义、一个好故事在现代企业中的应用；下篇主要教会读者如何讲故事，为读者传授讲故事的技巧，包括好故事的标准、搭建好的故事框架、把握技巧张口讲出好故事、你的故事需要随时取材、讲给下属的故事不能随心所欲。本书适合每一位想提升沟通能力、思维能力、管理能力的读者阅读。

图书在版编目（CIP）数据

故事领导力：不会讲故事的领导不是好领导 / 王茜著. ---北京：中国纺织出版社有限公司，2023.8
ISBN 978-7-5229-0495-5

Ⅰ.①故… Ⅱ.①王… Ⅲ.①企业领导学 Ⅳ.①F272.91

中国国家版本馆CIP数据核字（2023）第065188号

责任编辑：曹炳镝 史岩 于泽 责任校对：高 涵
责任印制：储志伟

中国纺织出版社有限公司出版发行
地址：北京市朝阳区百子湾东里 A407 号楼 邮政编码：100124
销售电话：010—67004422 传真：010—87155801
http://www.c-textilep.com
E-mail：faxing@c-textilep.com
中国纺织出版社天猫旗舰店
官方微博 http://weibo.com/2119887771
三河市延风印装有限公司印刷 各地新华书店经销
2023 年 8 月第 1 版第 1 次印刷
开本：710×1000 1/16 印张：13.5
字数：149 千字 定价：58.00 元

凡购本书，如有缺页、倒页、脱页，由本社图书营销中心调换

前言

讲故事、听故事、信故事、传故事，已成为人们喜闻乐见的一种生活方式。故事具有提炼信息、蕴含哲理、获得关注、赢得同感和催人奋进的基本作用。

讲故事是传递人类情感和理想的古老方式，好故事可以触动人的内心，可以吸引人，可以教育人。

作为一名企业管理者，更要善于利用故事的魅力管理企业、管理员工。相信很多企业管理者在工作中会发现，如果想要给员工传达自己的观点，纯粹的理论说教往往效果不好，会让员工感到枯燥乏味，无法引起员工的关注。

但是，当我们用故事把自己想要传达的观点"包装"起来，不仅能够吸引员工的注意力，还能够通过故事有效阐述观点、说明道理、引发员工的进一步思考。

一个好故事往往能帮助管理者更好地管理企业、融入员工。

正因故事具有力量，让越来越多的管理者感受到讲好故事的重要性。而我也发现，但凡成功的管理者，都善于讲故事。管理者善于用生动朴实、寓意深刻、通俗易懂、幽默风趣、发人深省的故事，感染下属、员工，通过讲故事，让员工热血沸腾，传播企业文化、价值观，激发员工斗志，开拓员工眼界，提升员工思想境界。

在管理企业过程中，提出企业故事化管理，实际上就是把枯燥烦琐的企业管理内容融入故事、讲好故事，让广大员工及各级管理人员都情不自禁地投身于企业管理的故事中，想故事、讲故事、传故事，共同参与、共同推进、共同维护、共同分享，最后成为故事的主人翁、缔造者、成功者和分享者。

我一直倡导企业故事化管理。因为，随着时代的不断发展，人们的思想理念与内在需求也不断发展。如果说"70后""80后"员工还能够接受长篇大论，听得进苦口婆心的大道理，那么讲道理已经无法打动"90后""95后"这些新时代的职场主力军。

新时代的年轻员工个性鲜明、个人感情色彩强烈，比起大道理，他们更喜欢从故事中自己领悟道理。因此，企业在进行管理时，要以变应变，因时制宜，与时俱进，学会变革与创新，使管理模式不断贴近社会、适应社会，符合社会发展规律。

选择恰当的时机，准备有效的素材，顾及听者的口味、文化、观念、习俗乃至成见，把故事讲给对方听，最终目的是要说服对方。小故事，大道理，把讲故事当作一种管理方法，用一个个生动的故事，管理员工、引导员工，从而构建起企业与员工"千里同路、命运与共""美好蓝图、共同描绘"的管理格局。

因此，一个管理者要学会在适当的时间、适当的场合讲适当的故事，用简单活泼的方式进行有效的企业管理。管理者所讲的每一个故事，必定为了传达观点、阐述态度，虽然故事的构思以及故事的讲法各有不同，但每一个故事都需要达到管理者不同的目的。

虽然，每一位管理者都希望自己具有讲故事的能力，也希望自己擅长讲故事，然而，并不是每一位管理者都能够运用故事更好地进行管理。毕竟，讲故事不是与生俱来的能力，而是需要时间积累。

本书从实用性的角度，阐述了讲故事的重要性，更以不同场景、角度指导管理者如何学习、增强讲故事的能力和技巧。正如查尔斯·库利所说："所有的领导才能都是通过把思想传播到他人的脑海中产生的。"

作为企业管理者，掌握讲故事的技能，讲好每一个故事尤为重要。希望本书能够帮助每一位管理者提升自己的领导力，在企业管理中、在商场谈判中使自己的观点影响更多人！

王茜

2023 年 1 月

目 录

◆ **上篇　走进故事**

第一章　故事影响他人的科学道理 / 2

　　故事及其想象空间 / 2

　　故事能够做到对事不对人 / 7

　　三分钟讲一个完整的故事 / 12

　　一分钟说一个精彩的故事 / 16

　　十秒讲一个令人信服的故事 / 19

第二章　任何处境都需要故事 / 23

　　故事能够让你完胜路演 / 23

　　故事能提升面试通过率 / 26

　　故事能让跳槽变得令人信服 / 32

　　老板认可在汇报中会讲故事的员工 / 36

　　会讲故事的老板才是员工心中的好老板 / 40

第三章　大道理不如小故事 / 44

比起大道理，下属更爱听故事 / 44

企业文化的推广离不开一个好故事 / 47

品牌建设需要故事做依托 / 52

讲故事已经成为关键的领导技能 / 55

会讲故事的领导更容易打动下属 / 59

第四章　故事不同的作用和意义 / 66

好的故事能够增强团队凝聚力 / 66

团队需要故事的力量 / 70

感恩的故事，鼓励员工更积极 / 74

现实的故事，教会员工自我思考 / 77

合作的故事，激励下属合作协同 / 80

第五章　一个好故事在现代企业中的应用 / 85

故事，是用语言激励下属 / 85

批评下属，故事引导更委婉 / 89

说服下属，故事更能让人心悦诚服 / 92

激励下属，要把自己的故事讲出来 / 95

团结下属，需要积极正面的故事 / 99

留住下属，用故事代替更多道理 / 102

◆ 下篇　如何讲故事

第六章　好故事的标准 / 110

好故事就是能让人听懂的故事 / 110

好故事就是让人听完之后产生共鸣的故事 / 115

好故事能让人听完之后产生反思 / 119

好故事让人听完之后会主动分享 / 123

第七章　搭建好的故事框架 / 129

虚实相间的故事更吸引人 / 129

听得懂明线，悟得出暗线 / 132

主线清晰，辅线形散神聚 / 135

以终为始，有的放矢 / 138

第八章　把握技巧张口讲出好故事 / 143

学会对故事进行剖析 / 143

增强代入感，把控故事分寸 / 146

对话要起到画龙点睛的作用 / 149

把故事讲得栩栩如生才能深入人心 / 152

故事本身需要带有情绪 / 155

第九章　你的故事需要随时取材 / 160

素材来自平时 / 160

把日常素材转化为故事 / 164

完美的故事需要日积月累 / 169

在倾听中得到故事素材 / 172

在与人沟通中挖掘故事素材 / 175

第十章　讲给下属的故事不能随心所欲 / 178

管理企业需要用故事解决问题 / 178

领导者讲故事不能随心所欲 / 184

六类故事帮助领导者解决企业问题 / 188

不会讲故事的领导容易"吃亏" / 195

倾听和沟通是讲好一个故事的前提 / 199

上篇　走进故事

第一章 故事影响他人的科学道理

故事及其想象空间

十几年前，在我步入职场管理岗位的第一年，我接手了美国最大的企业管理软件公司华东地区销售团队。这个团队有5个人，团队规模并不大，但是承担了公司上亿元的销售业绩。我需要在最短的时间内，组建一个超级有战斗力的团队。毕竟在这样的世界500强公司，每个季度的业绩完成情况都与公司的财报息息相关。当我积极物色人选的时候，跟我一起入职的女同事梁慧找到我，她刚休完产假，很希望加入我的团队。我和梁慧同一天进入公司且座位相邻，虽然彼此所负责的产品线不同，但是通过平时她在公司跟客户的电话沟通，以及闲谈中，我认为她非常了解客户的业务和需求，讲解技术方案的能力也非常强，为人热情好学，是那种充满工作热情的女强人。

但是，她在休产假之后，回到公司却四处碰壁，很多经理都担心她孩子太小，刚刚休完产假回来，很难兼顾一个新手妈妈和世界500强公司销售精英的工作。

作为新团队的管理者，我在跟招聘部门通过内部应聘，严谨评估了梁慧各方面能力之后，向老板提出了聘用梁慧的想法。令我诧异的是，老板毫不犹豫地拒绝了我的提议，原因是这个销售岗位负责的绝大多数客户都在外地，对于新手妈妈梁慧来说，她不是最合适的人选。

当时，我就出差的时间分配问题，单独跟梁慧进行了细致的沟通。梁慧对这份事业有很高的期待，所以她本人十分愿意投入更多的时间。同时在家庭上，她聘请了全职专业的育儿嫂来照顾孩子，我认为这样的安排完全可以打消公司的顾虑，梁慧有能力胜任这份工作。但是，面对态度坚决的老板，当时的我没有选择与其据理力争，而是给老板讲了一个故事。

（年初，我刚加入这个团队还是一名销售时，梁慧跟我交接后准备回家待产。我们有一个大的国企项目，在云南昆明，由于我是一个新人，再加上那个项目金额巨大，稳妥起见，梁慧在怀孕6个月的情况下，陪同我一起飞了3小时来参加这次投标。这件事老板也知道，不过老板知道的是业务开始与最后的结果。所以，我就以这件事为故事背景，为老板讲述了与云南这家大型国企达成合作的过程中梁慧所起的作用。）

我对老板说："我刚接手这个项目时，对这个行业的客户是陌生的，所以跟技术团队沟通时，我提不出实质性的建议和意见。梁慧之前就做过技术顾问，所以特别了解解决方案，很多情况下都是梁慧来挑大梁。在最后的招投标环节，为了保障技术方案能够在客户面前顺利呈现，她为我讲解技术方案，最终赢得了这个大项目。"

老板听到这里，说道："最后拿下来云南这个合作项目是由于客户对我们的解决方案和团队表现非常满意。"

我接着说道："对啊，结果的确令我们满意，但实际上，这个合作项目在谈判过程中几经挫折。当时还好和梁慧一起去的，中间我们遇到了一个小插曲，就是我们打印装订的技术方案中缺少了一部分对于软件平台支持的硬件平台的阐述。梁慧在最终做整体方案审核的时候发现了这个问题，所以，她冷静果断地连夜召集技术顾问补充这部分内容，并且重新打印装订使得我们最后的技术方案呈现零瑕疵。在技术的讲解上，技术专家的表达过于晦涩难懂，梁慧凭借自己对方案的熟悉，用客户能听得懂的语言，做了生动的补充和阐述，满足了客户的需求。重点是，梁慧在满足客户需求的前提下，不需要额外将咱们现有系统客户化，而且对于客户的硬件平台也没有多花钱，就把事情圆满地解决了，客户对梁慧赞赏有加。"

老板听完我的讲述，直接问道："这个梁慧是客户经理，还懂技术方案？"

我点点头继续说道："梁慧本身是销售以及客户管理难得的人才，她在与客户沟通方面表现得非常优秀，善于捕捉客户的需求，挖掘客户需求背后的逻辑，同时能控制客户的期望值，把客户拉回到一个合理的区间。她对于客户需求的精准把握，不仅是依靠销售技巧，更重要的是她之前做技术顾问时的丰富经验。这次她休产假回来，正铆足了劲儿，准备大干一场，而且经过我跟招聘部门整个内部面试的观察，以及我的深思熟虑之后才向您提出这个提议。因为，像梁慧这样既懂技术又善于与客户沟通的金牌客户经理，必须予以重用。这也是站在公司发展的立场，以及服务客户的角度，您觉得呢？"

老板听完我关于梁慧故事的讲述，认真地看了一下我所提交的提议，以及梁慧进公司之后所做贡献的相关材料，当即拍板任用。

案例分析

首先，老板看似在听了我的"一面之言"之后任用了梁慧，实际上他听的是一个完整的故事。在这个故事中，老板抓住的重点是：

其一，梁慧能够以精湛的技术和沟通能力，以一己之力在与云南客户谈判过程中讲解技术方案，献计献策，最终达成合作。

其二，梁慧的敬业精神，从全盘方案的把控到最后方案在客户面前的顺利呈现，一丝不苟，亲力亲为。这样的性格，即使成为新手妈妈，也不会因为孩子的牵绊而影响她对事业的执着和赢得客户的渴望。

其三，老板拒绝任用梁慧是因为担心她无法全力投身工作，但是毕竟梁慧在工作中实际向我汇报，老板作为经验丰富的上级领导表达自己的担心，同时把最终的决策权给了我。

对于我来说，我只是讲了一个关于梁慧的故事，但是这个故事具有其想象空间。在我讲述之前，或许老板只知道这个合作项目的开始与结果，并不了解整个项目的过程。但是，经过我的讲述，老板脑海中或许已经形成了画面：

要求苛刻的云南大客户，复杂系统的解决方案，耗时耗力的谈判过程，出乎意料的突发事件……

这些是老板不愿意面对的画面。在我的讲述中，老板还可能看到了另外的画面：

客户管理加上技术顾问整合能力的多面手，面对突发的技术方案缺失力挽狂澜，最终不仅达成合作，还赢得了客户的尊重和赞赏。

谁会不喜欢这样的员工呢？在故事里，老板也发现，自己最担心的是梁慧作为新手妈妈的时间管理问题，但事实上，梁慧在怀孕的时候都那么拼，现在应该不是什么大问题。

甚至，在这一想象中，老板认为梁慧不仅付出了时间，更体现了她对于工作的兢兢业业，以及对方案的一丝不苟，对客户的尽心尽责。

所以，在我把整个故事讲完之后，老板通过故事本身所具备的想象空间，会对梁慧做出重新评估，评估结果就是：他同意我的提议，任用梁慧。

📖 知识点

1. 任何事情的结果都是一个既定事实，但是，过程却是一个又一个值得推敲的故事。

2. 对不曾置身其中的事物进行推测和判断，靠的就是一个人的想象。

3. 故事不局限于结果，而是具有非常广阔的想象空间，画面感越强的故事，越会创造出想象空间。

4. 根据情境讲故事，引发听者的想象力，激发出语言更深、更广的作用力。

故事能够做到对事不对人

众多企业管理者喜欢将"我这人说话,对事不对人"挂在嘴边,但是,又有多少管理者能够真正做到"对事不对人"呢?

那么,到底什么是"对事不对人"呢?

"对事不对人"是指批评或者表扬别人的时候,只针对事情对错,不掺杂半点情感因素。但是,在工作中,很多事情并不能简单区分"对与错"与"人与事"。

李倩面对的难题是"90后"员工小刘与她沟通时产生了分歧:

因为考勤问题,李倩不止一次和小刘沟通,但是,在最近的一次沟通之后,小刘不仅直接提出辞职,还向公司上级举报了李倩,原因是李倩每次都以考勤问题为借口,"假公济私"针对自己。

李倩阐述了当时的沟通过程:

李倩:小刘,你过来一下。

小刘:什么事,李总?

李倩:我就是想跟你聊聊你日常考勤的问题,你看考勤表上,这个月才过一半,你已经有三次迟到、两次早退记录了。你要知道公司的考核规定上白纸黑字写着,只要出现一次就要扣除3分,你自己算算,你到现在扣几分了？我觉得你有必要注意一下考勤问题。

小刘：哦，知道了，李总。

李倩：怎么就只是"哦，知道了"呀，你是怎么想的？打算怎么改进呀？

小刘：这能有什么想法，下次注意。

李倩：小刘，你在营销工作上是很优秀的，每个月的业绩都名列前茅，从这一点来看，你是非常出色的员工，我对你也非常满意。但是，我今天找你来，就是因为考勤问题。这不是一件小事，在考勤这件事上，你存在很大的问题。

小刘：李总，别的公司业务员都不记考勤，怎么就咱们公司业务员都要上下班打卡啊？

李倩：小刘，你来公司的日子也不短了，考勤会直接影响你的业绩考核。再说，这个考勤是公司定的，你千万别认为是我对你个人有什么想法。大家都是一样的，都要遵守公司规定。

小刘：哦，我知道了，李总。

李倩：那就好，业务上继续努力，考勤的事儿也要放在心上。

小刘：哦，我知道了，李总。没别的事儿我去工作了。

李倩：好，你去吧。

李倩觉得这件事告一段落，因为她该说的都说了，小刘不管有没有听进去，看着绩效考核成绩上扣的分，他也应该当回事。谁料到，第二天小刘竟然直接通过微信跟人事部门经理提出了"辞职"。

正是这次沟通，李倩觉得没有任何问题，但小刘却直接递交辞职信，并且将她举报了。

李倩莫名其妙被上级领导批评，领导指出："你自己也是业务员出身，为什么就不能设身处地地站在业务员的角度去聊，把优秀的业务员都聊走了，你自己也就成了光杆司令。"

李倩跟我解释说，之所以这么强调考勤，是因为公司明文规定业务员必须打卡：早晚上下班打卡；如果没办法按时打卡，需提交照片记录补齐打卡。但是，小刘既不按时打卡，也不补齐打卡，严重违反了公司规定。

我对她的建议是：以讲故事的方式与小刘沟通，故事的内容要与考勤的意义、按时打卡的重要性相关。

李倩表示不理解："说道理都说不通，讲故事可行吗？"

我对李倩说："讲道理的时候往往带着个人情感，但是，讲故事的时候相对来说更加客观。"

因为公司领导想要挽留优秀业务员小刘，就让李倩再和小刘沟通一下，领导的言外之意就是"道歉"，通过道歉留住小刘，同时让小刘意识到打卡的重要性。

李倩：小刘，你知道我为什么对你的考勤很关注吗？

小刘：不知道。

李倩：刚做业务员那会儿，我在一家小公司上班，公司要求每天打卡上下班，我不以为然。一直干了四年多，因为家里有事，就请了大概十天的事假。等我再回到公司的时候，公司人事告诉我，我被辞退了。当时，自己还很年轻，找公司老总，发现自己的电话被拉黑了，微信也被删除了。年轻气盛的我当然不可能这样善罢甘休，于是就将公司告上了仲裁法庭。

我准备了很多资料，包括我在这四年中为公司创造的利润和价值等。我抱着胜诉的信心，然而却败诉了，因为我根本无法提供我在公司每天上班下班的考勤证明。虽然当时我也有考勤记录，可都是迟到早退，甚至连续两三天没有打卡记录，我无法证明自己每天按时去公司上下班，因此，法庭对我提出的需要公司给予赔偿的申诉不予支持。

我到现在都忘不了那家公司人事看我的眼神，因为当初她也曾三番五次地提醒过我，可我却从来没有当回事。之后，我在面试的时候，最先了解的就是公司对于业务部门的考勤要求，对于不需要业务员早晚打卡的公司，我都没有选择。最后来到咱们公司，一干就是这么多年，不瞒你说，这么多年，不管我处在公司哪个业务职位上，考勤一天没落下，如果真的无法打卡，我也会在后期提交材料补齐。

不是我计较全勤考核奖金那几百块钱，而是我有过因为没有连续的考勤记录导致自己被辞退、没有任何补偿的惨痛经历，年轻气盛的自己被社会狠狠地打了一记耳光。

小刘这时若有所思地点点头，语气诚恳地说了一句：我知道了，李总，谢谢您！

☕ 案例分析

李倩一开始与小刘沟通时，犯了很多管理者容易犯的错误，就是自认为"对事不对人",却忽略了听者的感受与想法。

小刘因为自己是业务员所以对上下班打卡一直不重视,从李倩与他的聊天中得知,小刘并不是第一次因为考勤打卡被李倩"约谈"。但是,每次沟通后的结果几乎没有任何变化。

并且,李倩屡次提醒小刘注意一下考勤时,惹恼了小刘。

李倩觉得自己的沟通没有任何问题,比如在沟通中,李倩自认为"对事不对人",针对的是考勤绩效这件事,她希望对方能够把这件事做好。在沟通过程中,李倩运用了先指出问题、再表扬的方式,却让小刘感觉李倩作为领导是刻意针对自己。

所以,李倩的沟通是无效的。

之后,李倩通过讲故事的方式与小刘沟通。李倩所讲述的故事是否真实并不重要,重要的是,这个故事能够让小刘意识到考勤打卡的重要性。

比起自以为"对事不对人"地讲道理,讲一个简短的小故事,效果往往会更好。

对于小刘而言,李倩在沟通中只讲述了一个故事,并没有指责他的迟到早退,而这个故事对他具有警醒作用。

由此可见,同一件事、同一个人,讲故事往往比讲道理更有用,更能表现出管理者"对事不对人"的态度。

知识点

1.我们讲道理的时候,往往会带有个人情感、主观看法,你所认为的"对事不对人",或许在对方看来是"对人不对事"。

2.故事能够更客观地体现自己的观点，让倾听者从故事中得到警醒与启示，从故事中悟出"道理"，倾听者自己悟出来的道理，要比从你口中说出的道理更具说服力。

3.讲故事很重要，但所讲述的故事也要因人而异、因时而异、因事而异，面对不同的倾听者、面对不同的事件，你的故事不能一成不变。

三分钟讲一个完整的故事

每个人都喜欢听故事，但是，大家在听故事的时候也对故事有各自的要求。

在公司销售部门的例会上，部门经理给新入职的销售员讲了很多道理，轮到我发言时，我并没有继续讲道理，而是讲了一个故事：

有一位推销清洁用品的业务员，来到一栋楼挨家挨户地推销产品，好不容易说服一户主妇开了门。推销员很努力地推销自己的产品，通过自己专业的讲解为主妇展示自己销售的清洁用品。

但是，主妇在他推销之后，并没有购买。销售员很难过，只能带着产品离开。

主妇的丈夫下班回到家，主妇就跟他说了今天销售员向她展示的产品的优良性能，并且一遍又一遍讲述着。

丈夫问道："既然如此，你怎么没有买呢？"

主妇叹了口气:"确实不错,性能价格都令我满意,可是,那个推销员并没有开口让我买啊!"

听到这里,很多新入职的销售员笑了,在他们看来,这个销售员也算是百密一疏,功亏一篑,竟然把最基本的话术都忘了。

"其实,做销售最难的是跟熟悉的人开口。"在我说出这句话之后,销售员齐齐看向我,很显然他们对这个话题很感兴趣。于是,我继续讲故事:

我的一个朋友在寿险界工作多年,他的兄长因为车祸意外去世。这位兄长是肇事方,他开车将一个骑电动车的人撞伤,自己不知怎么又撞到了路边防护栏,被撞的人和他先后死于这场车祸。

由于他的兄长没有买任何保险,赔偿受害者的钱全部应由他支付,不幸的是,他也因车祸去世,留下无业的妻子和三个孩子。家中毫无经济来源的女人和孩子,除了要面对日后无依无靠的生活,还得支付巨额赔偿,真是祸不单行啊!

这位朋友在葬礼现场被兄长的妻子,也就是自己的嫂嫂当面斥责:"你一个做保险做了那么多年的人,为什么没有劝你哥哥买一份保险?"

这位朋友在做保险业务员的时候,虽然面对很多客户毫不怯场,但是面对家人却有点开不了口,没想到他的兄长却因为没有买任何保险而让家人最终陷入艰难境地。

这位朋友当时发了一条朋友圈:"一生的遗憾。"

最后，我总结了整个故事："其实，我们推荐产品，包括保险产品，最终下决定的是用户本人，因此，买不买是用户的事，说不说则是销售员的事。"

部门经理开完会跟我说，现场的氛围从我讲故事那一刻起就变了，并且感慨："你也太厉害了，故事张口就来。"

其实，哪有什么张口就来的故事，不过是平时的积累罢了。三分钟讲一个完整的故事并不难，这一章暂且不说，留在后面详述，如何积累才能让自己出口成"故事"。

案例分析

在公司例会上，如何让自己的话语引起倾听者关注，关键是你所说的主题和倾听者有关。诸如，部门经理的道理，他们在听，毕竟作为新入职的员工对于讲道理、摆事实等都会表现出积极倾听的一面。

但是，大家都是成年人，道理也听了不少。如果说通过讲道理的方式告诉他们"你们作为销售业务员应该注意什么……"很多情况下，大家都是做出聆听的样子。

但是想让员工真的将你所讲的内容听进去，讲故事要比讲道理更适合。

要想三分钟讲一个完整的故事，先弄清楚什么是完整的故事。

完整的故事需要包括：故事的起因、故事的高潮、故事的转折、故事的结局、故事引发的思考。

我们以上面的案例来分析，第一个故事：

起因：一个业务员去推销产品。

高潮：业务员推荐后，主妇并没有购买。

转折：主妇对产品很满意。

结局：业务员因为没有做好成交这个销售最重要的动作而错失订单。

故事引发的思考：因为业务员成交这个销售最重要也是最基本的工作没有做到位，所以，主妇虽然对产品很满意，却没有做出购买行为。这就告诉我们，工作要打好基础，抓住关键，要做到百密无一疏。

一个完整的故事只需要满足起因、高潮、转折和结局这四点要求，故事不宜太长，三分钟即可。讲故事的目的是引发倾听者的思考，所以，故事简短精悍却具有内涵，就是一个完整的好故事。

知识点

1.故事必须是能够吸引人的，冗长且毫无意义的故事和长篇大论地讲道理别无二致，有趣的故事才能让人听进去，从而思考故事里所蕴含的道理。

2.故事必须是完整的，有始有终，能够通过现象看本质引发倾听者思考。完整的故事需包括起因、高潮、转折和结局四部分，"断尾"或缺少环节的故事，会让倾听者认为讲故事的人故意吊胃口，从而对故事本身失去兴趣。

3.故事注重的是结果，故事需要展现出其意义所在。另外，故事的结果并不一定是大团圆、小欢喜，带有遗憾的结果往往更能引发倾听者的思考。

一分钟说一个精彩的故事

市场竞争越来越激烈，人们的生活节奏越来越快。我们可否用更加有效率的方式沟通，能否尝试用一分钟讲一个精彩的故事？

在讲企业管理员工沟通执行的时候，可以引用这样一个小故事：

在一座寺庙里，住着七个和尚，这些和尚每天每顿饭都是一桶粥，但是，每顿饭给的粥都不够喝。

一开始，和尚们轮流分粥，这一周下来，每个人只有自己当值的那天是吃得最饱的。之后，他们决定请一个得道高僧过来分粥，结果这个得道高僧也偏心，对自己喜欢的和尚多分一点，对自己不喜欢的和尚就少分一点。

总之，得道高僧实际上也做不到公平公正，这让所有的和尚都不满意。后来，有一个和尚想到一个办法，他的办法就是依旧按照最开始的方式，每个人轮流分粥，不过，分粥的人要等到其他人都取完了，自己才能拿剩下的最后一碗。

这样，每个负责盛粥的人为了自己能喝到粥，都力争分得比较均匀，这样，寺庙的和尚再也没有因为分粥的问题发生争执。

从上述故事来看，要想管理好团队，就要制定有效的规范。

管理团队的故事，最好选择一个简短到一分钟就能讲完的故事。并且，故事包括起因、高潮、转折、结局，既是一个完整的故事，又是一个对团队产生启示作用的故事。

当然，在企业管理中，管理人才也很重要，我再给大家讲述一个故事：

魏文王问名医扁鹊："你们家兄弟三人，都精于医术，到底哪一位医术最好呢？"

扁鹊答："长兄最好，仲兄次之，我最差。"

文王再问："那为什么你最出名呢？"

扁鹊答："长兄治病，是治病于病情发作之前，由于一般人不知道他能事先铲除病因，所以他的名气无法传出去；仲兄治病，是治病于病情初起时，一般人以为他只能治轻微的小病，所以他的名气只及本乡里；而我是治病于病情严重之时，一般人都看到我在经脉上穿针管放血、在皮肤上敷药等大手术，所以认为我的医术很高明，我的名气因此响遍全国。"

或许很多人对这个小故事有所熟悉，这个故事被普遍运用于人才管理演讲中，因为这个故事能够从三个方面解读：

第一，好的管理者一定不是企业里最忙碌的人，因为管理讲究"无为而治"，能够做到将问题扼杀在萌芽里。

第二，把日常工作中的问题择出来，形成固定解决问题的流程，通过层层授权进行正常管理，能做到"出现问题，及时解决"。

第三，管理者除了要做到"无为而治""出现问题及时解决"之外，还应该具有处理突发事件、重大问题的能力。

由此可见，有力量的故事不拘泥于篇幅，简短的故事更具有冲击力。

案例分析

很多故事并非需要原创，我们从网络上看到的故事、段子，经过自己的加工，可以成为自己的故事。比如，上文中的两个故事，虽然简短，但有头有尾、有冲突、有转折、有重点。

两个故事直截了当地放大高潮部分。

第一个故事，没有"时间、地点"的要素，但是并不影响故事的精彩性。整个故事总结一下：一开始展现出问题和矛盾，之后是解决问题和矛盾的过程，最后成功解决了问题和矛盾。没有细节部分和所谓的必要因素，但是整个故事却给人以"醍醐灌顶"的感觉：原来管理团队、管理企业需要的是正确的规范。

第二个故事作为历史故事不需要介绍故事中的背景、人物，直截了当、开门见山说出故事的主题即可。

故事条理分明、层层递进，倾听者能从故事中悟出道理，简短的故事能展现出在企业管理中人才管理方面更为深奥的意义。

一分钟的精彩故事，关键在于简短、精彩。

讲故事就和挖井一样，不管几分钟的故事，目标都是一致的，无论是用垂直思维还是水平思维讲故事，最终都是把故事讲述完整。

垂直思维就像一口井，只有往深处挖，才能挖出水；水平思维就好比这口井挖不出水，换个地方打一口井再挖。

一分钟的精彩故事，就是运用垂直思维讲故事。

📖 知识点

1. 好故事不分长短，三分钟的故事重在完整，一分钟的故事重在精彩，而精彩的故事更能瞬间抓住倾听者的注意力。

2. 小故事素材容易找，但是，我们在运用网络上的故事时，切记要进行改编，网络上的故事不能照搬，我们要尊重版权。

3. 在讲述一分钟的故事时，不需要特别有仪式感，很多场合都适合，比如跟员工聊天时，跟管理者对话时，就能把故事讲出来。所以，简短的故事更适合日常沟通。

十秒讲一个令人信服的故事

三分钟讲一个完整的故事挺好，一分钟讲一个精彩的故事也可以，但是十秒如何讲一个令人信服的故事？

亲戚家孩子小非，从国内某985大学研究生毕业，专业不错，目前面临着择业难题。

小非在择业上遇到的问题：

小非经过层层面试，过关斩将，通过了国内某知名大型企业的终极面试，年薪八十万元。

小非在毕业前参加了一线城市的公务员考试，成功上榜，入职后就能成为一线城市某街道办事处公务员，年薪十万元左右。

小非很纠结，自己非常想去那家知名大型企业，而他的父母则更倾向于孩子去街道办事处当公务员。

看到小非很纠结，我在聊天中给他讲了一个故事：

苹果公司要招一个新的CEO，乔布斯把目标锁定了当时还任职百事可乐公司总裁的约翰。不过，那时候的苹果公司就好像一个苹果，而百事可乐公司就像一个大西瓜，所以，乔布斯在和约翰聊天的时候看出了约翰的犹豫。

这时候，乔布斯就跟约翰说："你是想一辈子卖糖水，还是想改变整个世界？"

这句话震撼了约翰，这是一个金钱与梦想较量的超级故事，约翰认真思考之后，最终答应了乔布斯，出任苹果公司CEO。

故事中，乔布斯就用了十秒让约翰做出了他的人生抉择。所以，我们说十秒的故事一定是清晰地给倾听者一个答案。

乔布斯给出的看似是两个选择，实则是一个答案。

人活着，总要有点梦想。而改变世界是一个足够大的梦想。

既然说到了乔布斯，我想起另一个关于他的故事，也与十秒有关：

乔布斯认为开机要更快一点，他知道肯尼恩不会听他讲道理，于是，乔布斯说道："如果开机速度再快十秒就能拯救一个人的生命，你做不做？"

肯尼恩点点头："或许，会的。"

于是，乔布斯继续说道："我一直在想将来会有多少人使用计算机？一百万？我打赌再过几年就会有五百万人，每天至少打开他们的计算机，假设你们可以再努力节省十秒的开机时间，十秒乘以五百万个用户，相当于每一天省下五千万秒，一年换算下来，等于三亿多分钟，也就是十个人的一生啊！所以，为了这十条人命，大家再努力缩短十秒开机时间吧。"

肯尼恩受到了乔布斯故事的激励，竭尽全力，最后成功缩短了开机时间。

乔布斯用了十秒，改变了肯尼恩，团队经过日夜奋战，提升了开机速度。

案例分析

十秒的时间，可以讲一个简短的故事，只要故事足够精彩，就能直击人心，改变他人的想法。

其实，像案例中小非所面临的选择并非求职者经常遇到的，我们往往会从两家差不多的公司、岗位上做抉择。这时候，我们就需要明白自己想要的是什么。

故事中的约翰最终选择了为梦想而努力，所以，他选择了苹果，舍弃了百事可乐。小非最终选择了街道办事处而舍弃了大型知名企业，是为了

"仕途"而放弃"高薪"。我们无从判断一个人的选择是否正确,我们所做的是用十秒时间讲出一个能够让对方深思并作出决定的故事。

然而,我们需要知道,故事之所以能影响一个人,一定是故事的主题让他产生了思考。比如第二个故事中乔布斯通过十秒概念置换,引发倾听者肯尼恩的思考,最终做出了自己的决定。

十秒的故事,一般是讲述者希望能够改变倾听者的想法。就像一个商品刚刚上市,对于消费者来说,商品是完全陌生的,如何让消费者选择商品,很大程度上依赖于商品所展现出来的一句广告语、一个标志。

十秒的故事其实就是这个道理,用十秒让倾听者有一个初步印象、初步判断,从而做出自己的最终决定。

知识点

1.十秒的故事最忌选用典故、历史,最好用和倾听者有关的主题,一下子"抓住"倾听者的耳朵。

2.十秒想说服倾听者,讲述者一定要在简短的一句话中展现自己的优势。

3.说服别人先说服自己,故事亦如此。

第二章 任何处境都需要故事

故事能够让你完胜路演

路演关系到一个创业者的成败。所以,对众多创业者来说,路演尤为重要。那么,如何才能在路演中打动投资方、打动用户,靠的就是一个好故事。

我之前帮助过一个为路演而担忧的人——创业者阿宏。他开门见山地问道:"老师,我马上要参加创新创业的路演,想跟您请教一下如何讲好创始人的故事?"

我当时是这样回答的:"路演的确需要讲好故事,但你也要清楚,创业者的故事不要仅限于创始人。"

很多创业者在准备路演时,都想讲一讲创始人的故事,一方面,自己作为创始人,讲自己的故事更容易融入感情;另一方面,作为创始人把自己的故事讲给投资者,更能打动投资者。

其实，路演讲故事不要局限于创始人故事。对于创业者而言，"讲一个怎样的故事"和"怎样讲好一个故事"才是他们亟待解决的问题。

路演就好比一座房子，故事对于路演来说就是装修，好的故事是精装。

在与阿宏的沟通中，我先给他讲了思路：

"产品的重点是要抓住消费者的痛点。"我对阿宏说："路演最重要的也是围绕消费者的痛点，再通过阐述你为什么选中这个项目作为自己的创业项目，讲故事发散，做到形散神不散。"

阿宏点点头，他将自己的相关经历一一告知于我，我于是将路演所需要的故事概括了一下转述给他：

大家好，我是来自闽创的阿宏。在创业前，我曾是一家国有银行的一线柜员，从一线柜员到网点主任，靠的是自己的努力。大家也知道国有银行的情况，我感到了个人发展的瓶颈。

因此，我选择了继续读书，当然还是金融专业。在去国外读书时，我发现国外很多自助终端都比我们国家的自助终端智能，而且从外表上看，都要比我们国家的自助终端好看。

于是，我决定从自己熟悉的银行业切入，这一次不是一线柜员，而是你们使用的自动柜员机的"裁缝"，帮银行自助终端"量身裁衣"。

当我把这个故事发给阿宏时，他比较满意。当然，他之后肯定要"添砖加瓦"。对于路演而言，用一个故事吸引所有人的注意力是前提，之后就是专业描述与说明。

案例分析

故事对于路演来说更像一块敲门砖。你需要用故事吸引投资者的注意力，让他们觉得你是个有趣的创业者。

因为时间紧促，我给阿宏写的故事还有很多瑕疵，但是其中包含着一些重要观点。讲故事比讲道理更能让人接受，因为故事是把自己的经历、想法用有趣的方式娓娓道来。

阿宏准备的路演故事透露出以下信息：

第一，阿宏毕业于知名大学，毕业后进入国有银行，有金融从业经验。

第二，阿宏在没有人脉资源的前提下，靠自己的努力从一线柜员晋升到了网点主任。

第三，阿宏清楚地认识到自己的处境，很好地分析了自己未来的发展，趁自己年轻做出了更适合自己发展的决定，说明阿宏是个理智且清醒的人。

第四，阿宏去读书，展现了阿宏的学习能力，说明阿宏学习能力很强。

第五，阿宏发现商机，足以说明阿宏本身观察事物细致，并且具有很好的商业头脑。

第六，阿宏决定从银行业这个熟悉的领域入手，说明他并不是放手一搏，而是利用自己积累的经验和资源，更踏实、稳妥地创业。

所以，阿宏的故事看似简短，却是将阿宏的优势和特长，以及阿宏的性格特点等都展现给投资方。

📖 知识点

1.好的故事在路演过程中能达到事半功倍的效果，路演的目的是让投资方和用户关注到创业者，并且对创业者本人及其项目产生兴趣。

2.故事一定要直击行业、市场、消费者的痛点，通过故事对痛点的分析，引发倾听者的思考。

3.故事要有对比，对比就是让故事展现出矛盾，有矛盾才能产生高潮，一个故事有高潮才能引发倾听者更浓厚的兴趣。

故事能提升面试通过率

面试过程中，面试官都会说一句："请先介绍一下你自己。"

那么，你如何向面试官介绍你自己呢？

简短型：我叫张三，在上一家公司从事编辑的工作，希望能够争取贵公司编辑的职位。

"复读机"型：我叫张三，今年二十五岁，毕业于北京联合大学新闻专业，我的兴趣是写作，爱好是看书，在学校成绩一直优秀，上家公司是……

"耍酷"型：我叫张三，我的经历都在简历上写着呢。

做过面试官的读者是否深有感触，有些面试真的感觉"多余"了。

面试者在面试过程中会陷入很多误区，小童今年大学毕业，刚刚进入职场，每次都是笔试成绩不错，面试之后就没了消息。他找我来聊天，我先是告诉他在我做面试官的时候，有几类不喜欢的面试者：

一类是把简历上的内容复述给面试官的面试者。这样做只会让面试官认为你毫无新意，虽然他不会表现出来。其实，面试官在面试过程中，他想知道的是"你的故事"，结果，你用时间重复了"你的简历"。

一类是自我感觉良好的面试者。比如某名校毕业的面试者，自我感觉非常好，既然面试官想知道"我的故事"，那么就给面试官讲一讲"我辉煌而精彩的人生"。这时候很容易出现的排比句是：我做过……我会做……我可以做……但是你的自夸是无法感动面试官的。面试需要了解的是面试者与所对应岗位的匹配程度，而不是选择最优秀的人才。

还有一类是态度不太真诚的面试者。尤其是刚毕业的大学生，因为缺少职场的"打击"，大都比较自信，自认为会一帆风顺，话语间缺少稳重踏实。但是企业需要的是有能力、有担当的员工，"运气好"不是企业聘任你的理由。

小童听完之后，问我："您知道企业招聘都喜欢什么样的人吗？"

我告诉小童，每个企业的企业文化、用人标准都不一样，所以，企业招聘的人也是根据企业的特点和需求。接着，我给小童讲了一个故事：

有一家公司，在终极面试之前，总经理特意让秘书把为应聘者准备的椅子拿到了外面。

第一位应聘者沉稳地走了进来，他是经验最为丰富的。总经理轻声对他说："你好，请坐。"应聘者看着自己周围，发现没有椅子，原本充满笑意的脸上立即出现些许茫然和尴尬。"请坐下来谈。"总经理再次微笑着对他说。他显得更尴尬了，有些不知所措，最后只得说："没关系，我就站着吧！"

第二位应聘者反应较为机敏，他环顾左右，发现没有可供自己坐的椅子，立即谦卑地笑："不用不用，我站着就行！"

第三位应聘者进来了，这是一个毫无职场经验的大学生，他面试成功的概率是最低的。总经理的第一句话同样是："你好，请坐。"大学生看看周围没有椅子，先是愣了一下，随后立即微笑着请示总经理："您好，我可以把外面的椅子搬一把进来吗？"总经理脸上的笑容终于舒展开来，温和地说："当然可以。"

面试结束后，总经理录用了最后一位应聘者，他的理由很简单：公司需要的是有思想、有主见的人，缺少了这两样东西，一切学识和经验都将毫无价值。

小童听完我的故事，若有所思。对于即将步入职场的大学生，我还想讲一个故事，告诉大家职场并非波澜不惊的大海：

我在之前的一家公司就职时，因为一个历史遗留问题导致公司有可能被罚款上百万元。公司老总认为这样的处罚对于公司来说不公平，于是，派我去解决这个问题，最终目的是看看能不能不罚款，或者少罚一点。

说实话，那时候我带着团队每周一大早就去各个部门沟通，我们就像皮球一样，被这个部门踢到那个部门，再被那个部门踢回去。当时大家都很绝望，我的下属就跟我抱怨："为什么不让当时经手这件事的人去做呢？"

我跟他说："我也不想天天到处求人，我也很烦，但是老总说过，如果明天报纸的头版头条登的就是你做的这件事，你觉得可以登吗？如果可以，你就去做，如果不可以，就不要做。"

下属有点不明白，我直接告诉他："我理解你的心情，但是，你也好好想一想刚才你的建议能解决这个问题吗？能的话就去做，不能的话我们还是要这样反复地游说。"

下属点点头："肯定不能。"

于是，我们继续之前的工作，通过一直以来不懈的努力，我们终于找到了相关证据，最终解决了这件事情。

我讲这个故事的目的就是想告诉职场上的每个年轻人，一件事情体现的既是一个公司的价值观，也是员工的价值观，你的价值观如果与公司的价值观相符，这家公司就比较适合你生存。

对于刚刚进入职场的年轻人来说，你需要亲自去经历、去琢磨、去碰一下钉子才会明白职场的现实。

案例分析

面试时，面试官总会提出一些问题，比如"讲一讲你的优势""讲一讲你的弱点"，对任何一个人来说优势都可以直接说，因为应聘之前你已经对自己做好了评估，你可以根据自己所应聘的职业，也可以根据自己为人处世的原则等将优势直接阐述给面试官，但是讲弱点似乎就有点"强人所难"。

真实地说自己的弱点，可能会成为招聘公司拒绝你的原因，说一些无伤大雅的弱点，又让人觉得你不真诚。因此，如何说自己的弱点，我建议采用讲故事的方式。

有一个亲历的故事，大家可以作为参考：

在之前那家公司，我有一个绰号叫"职场女魔头"，因为一直服务于微软、oracle这样世界500强公司，所以我对招人用人的标准一直非常高，对业绩要求也很高，对客户服务的水准更高，也可以说是有一点"完美主义者"。

加入新公司后，我发现自己的很多想法无法落实。由于公司失去了"光环"，即使在招聘市场上用原来世界500强公司1.5~2倍的薪资也很难招聘到优秀的人才。招人实在是太难了。即使招聘到合适的人才，公司一切都在创业阶段，流程制度不完善，员工培训机制完全跟不上，造成员工在还未完全掌握公司解决方案的情况下就要面对客户，员工受挫感很强，压力很大，离职率非常高，同样，没有"合格"的人员服务客户，项目交付质量有待提高，项目交付周期也很长，客户满意度很低。

所以，这段经历给我的启示是：没有完美的公司，没有完美的团队，没有完美的项目。工作中我们的价值就是使这些不完美逐步得到改善。同时，对我们的领导力和组织能力有了更高的要求，不仅在战术层面指导员工，更要让员工心里充满希望，坚信公司的发展。选人比育人更重要，公司在发展的不同阶段需要不同的人才，创业初期需要的是踏实、认真，适应创业公司的文化，适应不确定性，愿意与公司共同成长的人才。

我自己的这个故事，虽然是在说自己的弱点是"完美主义者"，但面试官听了会觉得我是真诚的，而且故事表面是在说弱点，实际上强调了通过这样的弱点学到了什么，有什么反思，又是在表扬自己。

给面试官讲一个故事，让他从我的故事中来判断我所讲述的是弱点还是优势。

📖 知识点

1.面试时用讲故事的方式很容易引起面试官的注意，你想要得到这份工作，就需要拿出你的真诚，把"你到底是谁"编撰成故事讲述给面试官。

2.面试中的每个问题，都可以用讲故事的方式回答，你无法直接回答自己的优势、劣势、弱点、强项，那就给面试官讲一个你印象深刻的故事，用故事来打动他。

3.面试官每天面试很多人，相对来说精神疲惫，他们需一个既有新意、有趣，又能体现出面试者真诚的故事打动他，所以，学会讲一个好故事，才能给你的面试加分。

故事能让跳槽变得令人信服

五年前，友人老杨从一家大型央企公司跳槽，自己创业。老杨已经到了知天命的年纪，突然跳槽创业，很多人都不理解。老杨的亲戚、朋友甚至同事都质疑，到了这个年纪再熬一熬就退休了，到时轻轻松松拿着丰厚的退休金，过着舒舒坦坦的退休生活不好吗？不明白他为什么突然辞职去创业。

当时，老杨逢人就说"追求梦想什么时候都不晚"，他甚至以国内非常有名的大企业家的经历举例。

甚至有一段时间，老杨不管是演讲还是开会，都强调自己放弃百万元年薪的工作，自讨苦吃，就是为了追求梦想。

老杨有老杨的道理，但是他身边的人却并非这么想。有些人认为，老杨选择创业要么是一时兴起，要么是走投无路。对于老杨说的"追求梦想"，当时并没有人真的信服。

在平时，没有人信服也就罢了。但是，老杨所面对的客户也不信服，对于老杨来说这才是"致命打击"。甚至，在评论中还有一个声音，说老杨"把平台带给自己的优势当作了自己的本事"。因此，老杨特别希望能够通过某种方式，让客户信服他的创业并非一时兴起，更不是走投无路，而是对于自己的人生做出的重要且正确的规划。

在与老杨沟通的时候,我先给他讲述了一个故事:

2020年春节过后,孩子不用再上学,我们也无须再上班,世界好像被按下了暂停键。对于一年出差飞行超过100次的"全球飞人",我感觉自己一下子抑郁了。

刚开始在家还好,找来一直想看但没时间看的书,做做瑜伽,岁月静好。结果两周过去,我觉得自己快抑郁"爆炸"了。开始思考人活着为了什么?到底追求什么?觉得自己除了要做好一个职场人,也要做好一个妈妈。开始研究每一个阶段妈妈需要在孩子的人生中扮演一个什么角色:是一个教练,还是一个榜样?是"鸡娃"家长还是人生导师?

我开始陪儿子一起看书,但是给他读书的效率低,于是我就琢磨怎么能快速教会他识字,这样他可以看自己喜欢的书,我也可以看自己喜欢的书。我开始教儿子识字。工作中,我们都有绩效目标,都有计划。我也做了一个计划,两个月的时间教儿子搞定1500个字,每天就是学会25个字。"职场女魔头"不是白叫的,跟儿子一起,我的执行力也是很强的。两个月很快过去了,儿子通过每天的坚持执行,不可思议地收获了人生第一个1500个字的识字量。我特别有成就感,儿子也觉得自己一下子变成了"神童"和"学霸"。

善于讲故事的我跟朋友开始分享这两个月我和儿子的"壮举"。大家让我总结经验,我讲一遍,讲两遍,讲三遍……讲了太多次,我索性录一个视频,有询问的人我就发一下视频。后来每天在小红书平台浏览的我,索性把这个视频发到小红书平台,结果一下子就火了。于是,我就以更大的热情，投入更多的时间来陪伴儿子的成长，同时总结经验跟更多的妈妈和粉丝分享。宅家几个月，我误打误撞地变成了一个"斜杠中年"，成了一个收获数十万粉丝的教育博主，同时收获了一个热爱学习的儿子和做一个好妈妈的满足感。

老杨在与我沟通之后，不再像祥林嫂一样逢人便讲述自己创业的缘由。在客户面前，他也不再以"追求梦想"来表达自己的创业目的，而是通过自己的故事更真切地让客户感觉到他是有目的、有准备、有实力的创业者。

☕ 案例分析

跳槽、创业都是从头开始，案例中的老杨离开央企创业，所承担的压力、所面对的非议非常大。

讲一个真实的故事。

我的朋友邱总曾在知名通信集团担任副总的职务，2018年离开通信公司自行创业，创业项目是一款"网红探店"App，就是通过照片文字、与视频推荐堂食店铺。

邱总起初投入了大量的时间、精力和财力，结果公司没多久就坚持不下去了，App也如昙花一现。但是，面对创业失败，邱总并没有更多地倾诉与感慨，而是重整资源再次进入一家上市企业工作。

很多从大平台跳槽创业的人，在创业失败之后自怨自艾，但是邱总并没有。他只是在和朋友相聚的时候说了一些心里话："离职创业是为追求梦想，我追了，只是没追上。但是，所有经历都成为历练的故事，这些故事让我的管理更具力量。"

对于邱总来说，跳槽创业只是一个追求梦想的过程，成功了，追求的过程就是激励员工的故事；失败了，追求的过程就是勉励员工的故事。

对于很多跳槽创业的人来说，心态很重要，要把过程变为可以脱口而出的故事，把经历变成管理的"利刃"。

📖 知识点

1. 跳槽这件事如果说不好，会让你陷入一种尴尬的局面，你觉得自己理由充足，不管是就职新的公司还是创业都情有可原，但是对于别人而言，你的跳槽实际上更像你在职场上埋下的"雷"。

2. 当自己的转型经历以故事呈现的时候，我们一定要强调内因，而不是外因，外因说得太多有一种到处找借口的感觉。强调内因，展现的是自己的优势与能力。

3. 跳槽肯定是有原因的，当你面试或者去见潜在客户的时候，跳槽的原因都是大家关注的，将跳槽的原因说得更令人信服，才能赢得新的工作以及获取潜在客户的信任。

老板认可在汇报中会讲故事的员工

公司人事调动的方案公布了，这次晋升的名单里没有李辉，说实话，我清楚李辉落选的原因，但不知道该如何跟他说，毕竟这个原因在任何人看来都有些匪夷所思。

不过，李辉对自己落选的原因也能猜出来一二。于我而言，李辉是一位非常得力的下属，业务能力非常强。他和我的另一位下属兼得力助手老周很像，所以，我将老周的故事讲给他听：

我从上海调到新加坡总部时，大家都在讨论，中国公司的接班者到底是谁。

当时有两个候选人，一个是王琦，一个是老周。坦白地说，这两个候选人中我更倾向于老周。

老周工作态度认真，具有较强的工作能力，在工作中是我的得力下属。而且，在下属的口碑中，老周要好于王琦。但是，报到集团老总那里，最后这个名额却给了王琦。

我有点不服气，于是去找老总，老总跟我说："他是挺不错的，我也知道他的能力，但是，他代表公司团队在业务伙伴面前做工作汇报，每次都能把100%的工作说得只剩下60%。说个你也知道的，去年向合作伙伴总公司老总做汇报，老总及董事会很多人都听困了，要不是我紧急救场，就搞砸了。"

得知原因之后，我跟老周说："在我20多年的职业生涯中，有数不清的参与汇报的经历，有时我是汇报者，有时我是倾听者。确实，汇报这件事说大不大，说小不小，你这次失利，不是能力不行，不是管理不强，也不是个人工作态度的问题，完全是因为这一点。"

老周叹了口气："没想到，我竟然在做工作汇报这件事上栽了跟头。"

讲完故事，我告诉李辉他这次落选的原因："这次晋升，你失利的原因也是在工作汇报上。"

李辉没有说话，我接着说："你或许觉得不公平，但是你想想，老板在工作中，60%的时间花在业务上，20%的时间花在与合作伙伴、客户以及上级相处，剩下的20%花在团队管理上。如果说剩下的关注团队的时间按人头算，个人得到关注的时间微乎其微。而这点时间又都用在了听取工作汇报上，你的工作汇报优秀与否，决定了老板对你的印象和判断。你在工作汇报中与其用大量数据图片，还不如讲一个能让老板关注的故事。"

其实，很多人觉得做工作汇报"只讲结论，不讲过程"，从理论上说，如果时间紧急，当然要第一时间把结论告诉老板。但是，一般安排好的工作汇报，在时间上并没有那么紧急，因此，还需要汇报者讲述一下过程。

一方面，叙述过程相比直白的数字更有趣；另一方面，过程能够展现出你在工作中的努力。你要让你的老板了解到你在工作中的努力，比如，克服了哪些困难和挑战，解决了哪些问题，毕竟你的老板不会真的知道你在工作中的辛苦。

讲一个有趣的故事：

有一次，公司系统出了一个问题，导致所有数据都需要我们团队手动恢复。老板当时也在，他看到我们很忙，就说跟我们一起手动恢复数据，我们都习以为常地各自打开电脑开始操作，这时候，老板突然问我："登录密码是什么？"原来在此之前，老板连系统都未登录过。

通过这件小事我们足以看出，老板对于员工的工作是没有实际概念的。所以，不管是李辉还是老周，因为在工作汇报上的失误没能在老板面前展现出自己优秀的能力，失去了晋升的机会。

案例分析

有人把工作汇报定义为通过大量的数据、图片、PPT来展现自己的成绩，这样定义并没有错。但是，工作汇报中更需要展现你工作的过程。在工作汇报中，成绩固然重要，但你需要让老板知道你在完成这些工作时所付出的努力，在完成工作过程中遇到的难题，以及你如何克服难题最终完成任务的，工作汇报实际上展现的是自己的能力和态度。

所以，工作汇报最忌讳只讲事实，不讲情感。数据、事实摆在眼前，无须你过多地说明，但是你在工作中的情感与付出却只能依靠自己的讲述展现出来。

你在讲述一个以事实为主的故事前，一定要在故事中添加情感的暗线。这一条暗线，一是让你的汇报更具感情，更有趣，吸引老板的注意；二是通过这条暗线，让老板更加了解你。

我之前的一位老板，在开会的时候，第一句话常常是"今天我们要讲个什么故事？"而不是说"今天你们要阐述什么道理"。为什么？因为老板更喜欢听故事。

虽然是"工作"汇报，却考验你故事讲得精不精彩。如果两个人水平相当，会讲故事的人在老板面前肯定受欢迎，而不会讲故事的人在老板面前则会吃亏。

上面案例说明了不会讲故事的人更容易错失机会。尤其在你一两个月都见不到老板，或者只能半年述职、汇报才能见到老板时，你更需要用精彩的故事引起他的注意，同时，通过你的故事让他对你印象更加深刻。

知识点

1. 工作汇报的确要有成绩、成果，但是，在做工作汇报的时候，采用故事的模式，更容易让领导注意你，并且更深层次了解你。

2. 做工作汇报时，故事一定要有主线和暗线，主线就是你所做的工作内容，你克服的困难、解决的问题；暗线是你在整个工作过程中自己情感的转变。工作汇报时，要展现出自己100%的努力。

3. 会讲故事是加分项，在能力相差无几的前提下，会讲故事的人往往能将自己的努力、投入信心展现出来，从而获得更多机会。

会讲故事的老板才是员工心中的好老板

我们之前强调了员工以讲故事的方式做工作汇报的重要性,同样,会讲故事的老板才是员工心中的好老板。

2020年,全球经济都出现了断崖式下跌,对于全球的招聘市场同样遭受了前所未有的打击,很多公司都暂停了招聘计划。所以,对我们公司的业务也产生了巨大影响,无奈之下,公司采取了裁员的政策。作为中国区的负责人,我就是负责裁员的执行者。在裁员之后的几个月,有一次,我受邀参加业绩突出的团队的一个沙龙,在愉快的氛围中,我们谈论团队管理以及如何提高客户满意度等话题,但是在讨论过程中,我始终有一种感觉,我觉得大家都怕我,眼神中还保留着对于裁员的畏惧和不安。

会议结束,我有些伤心:"从公司的角度,我是对的。在经济环境下行的情况下,提高人效;但是在情感方面,我觉得我还是很无辜,毕竟我只是公司的一分子,我是在做公司需要我做的事情,我特别受伤。"

讲道理、说教、博同情都不是专业的管理之道。我需要讲一个自己的故事,让员工听进去。

我进入职场的第五年也经历了一次公司大面积裁员,至今回想起来历历在目。当时我们所有销售员都聚集到办公室,大家在 8:30 准时盯着办公桌上的电话是否响起。如果电话响了,就有人被通知到几个特定的会议室,签署离职手续,然后回来拿一个纸箱子,收拾东西。我当时特别紧张,还好最后没有被裁员,我们几个留下来的员工非常高兴,打算到楼下好好吃一顿早餐,庆祝一下。

正在我们等待电梯的时候,我发现我们的经理也抱着一个箱子。他并没有难为情,而是很主动地跟我们打招呼,要求跟我们一起吃早饭。

我们几个面面相觑,没有一个人敢问他到底发生了什么。

吃早饭的时候,经理说:"我也被裁员了。"但是大家要知道,刚才通知裁员的人是他呀。我实在忍不住,就问经理:"你没有觉得公司在要你吗?你把别人裁了,结果你也被公司裁了。"

经理笑了,说:"其实我刚才打电话通知被裁员工,是作为通知管理者的职责,这是我的工作,我应该做好我的工作,即使这是我的最后一个任务,这个就叫作专业。专业其实是一种态度,一种情绪,不仅仅是工作的技能。在公司6年,我从一个销售员一步一步晋升为销售总监,我感谢公司对我的培养,以及给我创造的机会。我接下来打算多花点儿时间陪陪孩子,还打算去一次南极。"

听了他的话,我特别震惊,他彻头彻尾给我这个职场小白上了生动的一课。很多人被裁员,一会否定自己,二会抱怨公司。而经理既没有否定自己,更没有抱怨公司,反而感激公司,更向我们展示了一次充满无限美好想象的南极之旅。

我跟同事们讲完这个故事,第一,希望他们能够正确地看待雇员与企业之间的关系，正确地看待裁员；第二，希望他们理解职场的专业性。

案例分析

作为管理者要会讲故事，故事不一定非要展现自己的成就，成就是肉眼可见的，你取得这个成就所经历的艰辛成长、蜕变却是需要你讲出来，与大家分享的。

我的一位女性朋友圆圆，她十分讨厌湾仔水饺，因为在她看来，这个牌子的水饺不仅味道一般，而且比其他品牌的水饺价格贵不少。直到有一天，圆圆听到了湾仔水饺创始人的故事：

湾仔水饺创始人是一位女性，当时她生了三个女儿，但是她的老公出国做生意，结果认识了当地一家富豪的女儿后就抛弃了她和三个女儿。她带着女儿们去找丈夫，最后却被羞辱。该女性带着三个女儿来到湾仔，从卖手工馄饨、水饺开始，凭借自己的手艺和诚心实意，得到了一位有钱人的资助，成功开了一家固定店铺。

接下来，她凭借卖馄饨、水饺开始做起了自己的品牌，并将三个孩子抚养成人。

圆圆听了这个故事之后，再也不说湾仔水饺贵的事儿了，家里的冰柜中总能看到该品牌的水饺、馄饨。她的解释就是这个故事触动了她的心。

如果圆圆听到的是这个品牌水饺的创始人在一年内开了多少家店，或者一年卖出了多少水饺，在这些成绩面前，她是不会动容的。但在听说了这位女性创始人的故事之后，她却产生了共鸣。

说实话，同类产品那么多，你为何只喜欢买一个品牌？很大的原因就在于你喜欢这个品牌的企业文化，或者该品牌创始人的故事打动了你。简单地说，消费者花钱也不一定花在刀刃上，还有可能花在情怀上。

所以，好的故事不一定是一帆风顺、没有坎坷的成功经历，或许你的失败与屡败屡战最终"逆袭"的经历才是大家更愿意倾听的呢。

知识点

1.讲故事未必都选择"高大上"的故事，你的故事一定要与倾听者产生共鸣，否则，一味地炫耀自己的成功，好故事也会变成坏故事。

2.讲述者展现脆弱的一面更容易抓住倾听者的心，得到倾听者的关注，不管是面对下属还是客户，适当地通过故事展现出自己的蜕变成长，有利于谈判、沟通。

3.在讲关于自己的故事时，一定要记住："人们对权力毫无共鸣。人们尊重权力，依赖权力的庇护，反抗权力，崇拜权力，但不会和权力产生共情……失败者的感觉要比其他一切更能让人产生共鸣。世间对成功人士是难以共情的。"

第三章　大道理不如小故事

比起大道理，下属更爱听故事

管理者都希望用更好的方法激发员工的内驱力，发现问题，解决问题。那么如何激发员工的内驱力呢？

在竞争激烈、更新换代飞快的 IT 行业，一直有一个有趣的说法：什么叫作 IT，不是 information technology（信息技术），而是 I'm tired（我累了）。因为从事 IT 行业，无论是技术人员还是销售人员，要不断参加各种培训，新产品、新技术趋势、新市场活动、新的销售方法论等都要培训。有一天，负责销售培训的小杨来找我，希望我能够在全员大会上动员大家积极参加今年的销售培训。如何让销售员心甘情愿地去参加培训呢？毕竟他们都是把时间看作业绩和奖金，最讲究投入产出比的精英啊。

我思来想去，比起讲大道理，我更愿意跟大家分享一个故事。

我刚加入公司的时候，参加过一个让我受益终身的培训。这个培训是为期3天的"魔鬼式"训练，公司专门花了大价钱选在一家会议酒店开展培训。我清晰地记得培训的名称叫作"赢的艺术（The Art of Winning）"。在多年的销售实践中，大家都学习了如何"赢"的各种招数。而这个培训最大的不同就是不仅教你怎么赢，还教你怎么"不赢"，一个大项目，全部拿下固然好，如果产品没有优势，经过理性分析，部分拿下也是明智之举，甚至通过权衡利弊，放弃这个项目也是最佳策略之一。毕竟销售是时间与赢率的矩阵型竞赛。

我印象非常深刻，当天我们一桌5名销售员，要推举一名销售员拿出自己正在追踪的一个最大最想赢单的销售线索进行分析，其他4名销售员会针对他的每一个陈述，从不同角度问3次"为什么"，来帮助佐证这些线索的可行性。更可怕的是，每一桌都有一个大老板坐镇，而坐在我们桌的就是我们大中华区这条线的不苟言笑的一位领导。那几天，我感觉我每天都要调动全部的精力去应对提问，每一个客户的需求，每一个客户的决策依据，都被问无数次"为什么"，我也无数次打电话询问客户反复推敲。就这样度过了3天，我们通过分析客户需求，通过研究竞争对手与我们的解决方案的优劣，决定销售依据，同时分析客户的决策流程、决策依据，制定下一步销售策略。

3天的培训有一个终极销售策略阐述环节，我们凭借严谨的逻辑、扎实的基础，赢得了小组论述的第一名，奖品是一本英文版的《孙子兵法》。

更重要的是，回到现实的我，依靠这个作战地图，通过10个月的努力，拿下了我进入公司的第一个订单。这个订单创下了很多的历史纪录，比如在非英文国家的最大订单，比如这个产品线被并入公司的第一单，我也凭借这个订单荣获"全球年度最佳销售"的称号。

这个故事太有感染力了，讲完之后，好多销售员纷纷希望我们也能开设这门销售方法论的培训，而且从他们闪亮的眼睛里，我知道我这个故事又讲对了，让他们知道了销售就是从方法、策略、行业到产品一路"打怪"、不断"升级"的过程。

案例分析

塑造故事、传递故事，是管理者激发员工自驱力的重要手段之一，但讲故事也要注意以下事项。

第一，管理者要塑造基于事实的场景化故事。比如，我所讲的故事取材于自己工作中的事，员工一听觉得这个场景是真实的，容易听得进去。

企业里传递故事，一定要基于事实，切勿虚构或吹嘘。一般故事包括时间、地点、人物、事件，每一个故事都应该包括这几种要素，才能构建出一幅场景。相对于道理，故事更容易记忆深刻，也更容易借鉴。

第二，讲故事不老套，注重利他性。在多年的工作中，我发现喜欢给员工讲故事的领导管理的团队都不会太差。因为，爱讲故事的领导至少是一个愿意以平等姿态与员工进行沟通的领导。更重要的是，故事本身不是利己，而是利他，员工通过故事获得精神激励，付诸实际行动。所以每次在故事的结尾，最好加上这样一句："今天我讲这个故事给大家……"通过总结，让大家知道这个故事与自己有所关联，真正做到"利他"。

📖 **知识点**

1.好的故事，能够切入实际工作，让员工明白自己工作的意义，感受自己的行为与公司分不开，所以，管理者通过故事能够更好地管理员工。

2.在不同场合为员工讲述多种形式的故事，是拉近与员工关系的方法，也是激励员工的重要手段。

3.如果管理者能源源不断地讲出新故事，至少说明企业不甘于平庸。故事不仅有利于促进企业文化的进步，更有利于管理者管好企业。

企业文化的推广离不开一个好故事

企业故事是诠释和传播企业文化的有效途径，企业文化的传承和扩散需要借助故事的力量。掌握用故事推广企业文化的方法，并在管理中运用企业文化故事，实现文化理念的有效传播是推动企业文化建设的重要手段之一。

企业文化故事作为企业文化的一种存在和传播形式，通常是一段关于企业成员在某一特定时间对某一特定环境或事物的具体反映和叙述。

企业发展的过程都是由事件构成的，文化也因故事而生。由此可见，故事是企业文化必不可少的、重要的文化元素，是对企业文化最有效的诠释。

我加入领英第一天，入职培训时看过的一个视频让我终生难忘。视频里面讲述的是一个美国小镇的全职妈妈希望帮助行动不便的女儿完成一次长途旅行。这样的境遇中，很多家长可能会自怨自艾，感叹老天的不公，抱怨生活的艰辛。然而，这个妈妈希望女儿能够感受到活着的美好。所以，她开始借助领英平台向航空公司、酒店的各个 CEO 发站内信求助。领英是一个实名制的职场社交平台，这能让这个全职妈妈得以借助这个神奇的平台跟她平常无法产生联结的朋友建立沟通的机会和渠道，值得高兴的是，这些 CEO 都热情洋溢地回复了她的请求，并且帮助她得偿所愿。看完这个视频，我的内心被深深地感动。

本来以为自己负责的是全球最优秀的职场社交平台的人才解决方案，现在突然产生能够帮助很多会员改变人生的使命感。通过一份职业，通过一次联结，很多普通人可能实现了人生愿望，可能拿到一份梦寐以求的录取通知，从此改变人生，所有这些都比每一年的业绩，每一季度的奖金更能让我心甘情愿为之努力和奋斗。

所以，企业文化就像一股无形的力量，能够触及每个人的灵魂和内心深处，最大限度地调动每个人为企业奋斗的积极性。反观一些公司，在写企业文化故事的时候全靠杜撰拼凑，没有给人们留下什么印象。

有一家创业公司，主要做护肤产品，在韩国美肤产品盛行那几年，取了一个很洋气的名字，然后杜撰了企业文化故事。

企业文化故事写得挺有趣，像魔幻小说：

传说，这个美肤产品的创始人是一位普通的家庭主妇，后来在婚姻中遭受了丈夫的背叛，其原因是这位家庭主妇的皮肤不好，容貌欠佳。家庭主妇离婚后带着孩子回到老家——一个青山绿水的小村庄。（其实，听到这里就有点令人心生疑惑，虽说有山有水有人家，但地理位置不详细，让人觉得不真实。）

之后，这位主妇带着自己的孩子，每天上山摘一些果实。有一天，因为走路绕了远，路过一口井，井水向上喷。主妇觉得甚是有趣。（听到这里，我们的脑海里立马联想到趵突泉，但是，这是韩国啊，肯定不是趵突泉。）总之，井水上喷，主妇就捧水洗了把脸，这一洗，感觉清爽舒服。于是，主妇每天都来，渐渐地皮肤变好了，人也变漂亮了。

这位主妇决定，要用这井水制作护肤品，要惠及更多像她一样的女性。于是，她制作了这一系列美肤产品，而这些产品所用的就是这口井喷出的水。

如果在三十年前，这个故事或许还会有人相信。但是，在通信、旅游日益发达的21世纪，如此虚假的故事又能打动谁呢？听着就很尴尬，这家企业如何通过这样的故事打动用户？

友人郝总同样创办了一家生产美肤产品企业，她的企业也通过故事来讲述企业文化，说实话，也是想借韩国美肤产品这个东风，这家企业又是如何讲故事的呢？大家可以看一下：

这家企业的创始人因为很喜欢美的东西，一直在探索能够让人变得更美的产品。看到身边大多数女性都在使用韩国美肤产品，她就想一探究竟。她的韩国之旅带给她最大的感受就是，即使家庭主妇都要在家美肤、化淡妆，韩国女性对美的追求是她所见过的最"疯狂"的。

她发现韩国美肤产品虽然在国内价格昂贵，但是在韩国当地却是平价商品。于是，她开始学习韩国美肤产品的技术，甚至花高价聘请了韩国美妆的技术专家，打造出一款高品质、低价格的美肤产品。

这个故事并不是很精彩，但是故事中说清楚了三件事：

第一，创始人的人物设定是一个爱美的女性，这容易让更多女性用户与其产生共鸣，谁不愿意自己更漂亮呢？

第二，故事讲述创始人去韩国，感受到了当地女性对美的追求，并且发现国内昂贵的进口美肤产品，在韩国只是平价产品。这一点，通过降低价格"打动"普通女性用户。

第三，故事最终落脚在创始人以高薪聘请韩国专家打造了一款品质上与韩国美肤产品不相上下，但价格更亲民的美肤产品，把品质更优、价格更低的产品特点展现出来。

试想，当这两款产品一起上市时，消费者会做出怎样的选择？一定选择和韩国美肤产品同样品质但价格更便宜的那款产品。

案例分析

我们说企业文化需要故事，但并不是所有故事都适合企业文化。

第一个故事里，一款美肤产品用"虚无缥缈"的井水作为噱头，不仅让用户感觉不实际，还难以让用户为产品埋单。

当然，这个故事也并非毫无可取之处，女性面临的实际问题，比如婚姻、容貌容易引发焦虑，提出焦虑才能够引发共鸣。

如果故事后半部分重点强调女主人公为了改变自己的现状，开始努力研究如何改善肤质等，最终通过更先进的制作工艺，研发出更适合女性肌肤的护肤产品。这款产品的面世改变了很多女性的生活，改善了很多女性与爱人之间的关系，可能更加打动用户。

故事开始提出令已婚女性焦虑的婚姻问题，但是，故事狗尾续貂，导致无法打动用户。

再来分析第二个故事：故事中规中矩，不算精彩，但是能够把产品的特点展现出来。作为企业文化故事，第二个故事的硬伤是从一开始无法引起更多女性共鸣。虽然变美是每个女性的心之所向，但是，这个故事不足以影响更多人。

因此，在写企业文化故事或者品牌故事时，一定要贴合实际、符合逻辑。

知识点

1.好故事要与倾听者产生共鸣，可以直击痛点，也可以揭露焦虑，总之，从一开始就让用户关注。

2.好故事讲到最后，能让倾听者了解企业优势、产品优势。一个好的企业文化故事，要在企业优势方面"点到为止"。

3.故事要体现个人价值观和企业价值观，使企业文化真正落地。所以，写好展现企业文化、品牌文化故事，像亚里士多德说的："像智者一样思考，像普通人一样说话。"

品牌建设需要故事做依托

再小的产品或者服务都可能成为品牌，再小的品牌也需要有自己的故事。

好的品牌故事，除能够影响消费者外，还能长久流传。

大学时代，舍友给她心仪的男生准备了德芙巧克力。对当时还是学生的我们而言，德芙巧克力是巧克力品牌中的奢侈品。但是，舍友却说："德芙的英文名字是DOVE，可以翻译为'do you love me'，所以，我送给自己喜欢的男生，肯定是要有寓意的。"

"你怎么知道德芙的英文名字是这个意思？"

"德芙品牌故事就是这么说的，再说，我买金丝猴糖果送给喜欢的男生，是希望他是个金丝猴吗？"这个女生把礼物送出去之后，说了一句话："巧克力已经代我将心意传达给他了。"

此时，就已经看出一个产品的品牌故事，能够改变用户的购买思维。

再如，我想要买冰箱，一直在多个品牌中选择，父母一致认为我应该买海尔冰箱，问其原因，他们直接告诉我："冰箱，要买品质好的，耐用。"

国内冰箱品牌大都品质不错，但为什么父母这么笃定海尔冰箱的品质才是最好的？主要与"张瑞敏大锤砸冰箱"的故事有关。可能很多年轻人不知道这个事件：

1985年，海尔冰箱"一把手"张瑞敏收到用户来信，反映厂里生产的冰箱存在质量问题。他第一时间组织相关管理人员对仓库里的冰箱进行检查。果然，发现其中有76台冰箱确实存在质量问题。

对于这些不合格产品，有人提出可以将其作为福利，以较为便宜的价格销售给企业员工。但是，张瑞敏直接否定了这一提议，并做出了将这些不合格产品全部砸掉的决定。他将全厂员工召集到一起，谁生产的不合格冰箱就由谁亲自当众砸毁，而他本人挥起了第一锤。

当时，海尔生产的这种冰箱的售价是八百元左右，而工人的平均月薪是四十元，也就是说，普通工人想要买这样一台冰箱，差不多要用两年的时间，这样一锤子砸下去多心疼可想而知。但就是这众目睽睽之下的一锤又一锤，砸醒了全厂员工的质量意识，虽然冰箱毁了，但是质量意识从此深深地烙印于所有员工心中。

与此同时，这一锤又一锤被消费者铭记在心，直到现在，很多人买冰箱首选海尔品牌。

从1985年到现在，海尔冰箱的品牌故事已经扎根在消费者心中。

所以，很多企业会花费巨资邀请品牌咨询公司，为企业打造极具穿透力和传播力的故事。

人的大脑分为左脑和右脑，左脑是理性脑，右脑是感性脑。左脑极具逻辑及分析能力，决定我们的条理研究和逻辑表达；右脑极具艺术天分，左右我们的艺术、绘画、讲故事的能力。

那么，我们该如何写好品牌故事呢？

实际上，所有优秀的品牌故事，都可以用一句话来概括，也可以用一句话来延伸。

比如小罐茶：八位大师制作而成。讲述的是八位造茶大师通过手工工艺传承，让普通人喝上大师茶的过程。

一个品牌故事凝结出来的一句话，既是品牌的标志，又是品牌故事，最终都成为消费者熟记于心的品牌印象。

案例分析

要写好品牌故事，必须清楚品牌核心价值观。众所周知，品牌都有自己的故事，品牌故事必须体现品牌核心价值观。菲利普·科特勒说过："故事营销是通过讲述一个与品牌理念相契合的故事来吸引目标消费者。在消费者感受故事情节的过程中，潜移默化地完成品牌信息在消费者心智中的植入。"

知识点

1.好的品牌故事不是写在宣传手册上，而是让它真正流传起来才有效果。

2.故事化沟通是传递信息的最有利方式，但在创作过程中需要注意，品牌故事的创作和传播必须遵循相应的规律，整个故事中需要突出矛盾。

3.你的品牌是否被用户所青睐，其关键在于，你为品牌所赋予的故事能否触动用户，感动用户。用户对品牌的第一印象往往来自品牌故事。

讲故事已经成为关键的领导技能

有句话大家都听过："听过很多道理，却依然过不好这一生。"

究其原因，一是道理虽然听了，但大都左耳朵进右耳朵出，并没有入心；二是我们自小听道理，懂的道理确实不少，但是很少会思考这些道理对自己的意义。

以"满招损，谦受益"为例，如果有人直接对你讲这个道理，你恐怕是听不进去的。但是，如果你从故事中、剧情中看到类似的情节，就会有所感慨。

由此可见，从故事中领悟的道理，有利于我们的言谈举止，而别人口中的大道理反而很难引起我们的重视。

所以，作为一个管理者，切勿在讲故事的时候长篇大论讲道理。

我的朋友老邢，就是一个在管理中只讲道理的人。在他看来，喜欢听故事的都是孩子。然而，小时候喜欢听故事的我们，长大了依然喜欢听故事。

老邢认为自己的员工都是成年人，在管理中，更需要直述道理。比如，部门新来的业务员被客户投诉了，于是，老邢这样和业务员沟通：

老邢：客户说你非常不专业，咱们培训的时候你都听了吗？

业务员：我不清楚自己哪里错了，去客户那里推销产品时注意细节，并没有漏掉什么。

老邢：客户打电话来投诉，你应该感到庆幸，这个客户有合作的意愿才会指出你的错误。你是一名业务员，话术技巧不需要我再说，客户提出的合理要求是必须答应的，客户说你不专业，不管你是否专业都要做出谦虚的样子，把产品卖给客户，客户付款，这就叫作成绩。

业务员：我是业务员的前提是我也是个人，如果是莫须有的罪名我也不担。

老邢：工作是用来养家糊口的，你这样迟早会在职场碰钉子。我建议你马上给客户打个电话承认错误。

听完这段对话，作为读者的你，是否也懒得再听老邢讲那一套大道理，并且心里会反驳："凭什么我要打电话承认错误。"

这件事被老陆得知，老陆直接找到业务员，没有说教，只是给他讲了一个故事：

我年轻的时候也是从业务员干起，那时候有一个客户，说是让我下午三点到。我心想客户让三点到，我可以两点半到，于是我两点半就到了客户公司。在外面等到三点，我敲开了客户的门，客户看到我的时候脸上没有表情。

然后，他看了看表，说了一句："不好意思，我这里还有些别的事情，你再等一等。"

等到四点，我询问是否可以跟我沟通，他不耐烦地说了一句："我还有事儿，你要不出去等等？"

当时我看看表，已经四点了，想了想还是很礼貌地说了句："不用，我在这里等您。"

我在办公室一直等，其间，我不玩手机，只是一遍又一遍地看着我需要给客户看的产品资料，从四点一直等到六点，办公室的其他员工都下班了。这时候我又敲了敲门。客户看看我，又看看表："哟，都到下班点了，你先回去吧，明天再说。"

我拿着资料愤怒地走出办公室，但很快又折回，我继续坐在空无一人的办公室等待，因为，要和我沟通的客户还没有下班，说明他真的有很重要的事情处理。

快到八点的时候，他才从自己的办公室走出来，看到我还在这里，惊讶地问："你没走吗？"

我跟他说："没有，我今天的主要任务就是跟您就公司的新品进行沟通。"

他看了看我，又看了看表，说了句："来我办公室吧。"

沟通前，他跟我说了一句话："今天突然发生了件棘手的事情，让你久等了。"

就这样，我们从晚八点一直聊到了快十二点，一边喝茶一边聊天，最终他选择继续购买我们公司的新品，并且订单金额比预计的要多出20%。

老陆讲完故事，对业务员说道："很多甲方客户都很难伺候，但你也要反思一下。在沟通中是否有什么地方做得不恰当，你是否有足够的耐心，抑或你没有任何纰漏，只是甲方心情不好。"

业务员听完老陆的故事，马上给甲方客户打了电话，诚心诚意地道歉。

可见，管理者的一个故事就能够让员工自己领悟，而像老邢讲了一番大道理，反而让员工产生反感。

知名公司的管理者大都很会讲故事。比如，微软领导者在工作之余会组织员工即兴讲故事，培养员工讲故事的能力；宝洁公司花高薪请来好莱坞的编剧给高管培训"如何更好地讲故事"。

由此可见，讲故事是管理者必不可少的能力之一。

案例分析

通过上述案例，我们能够直接地感受到讲大道理和讲故事截然不同的结果：

讲道理，会让员工更加不服气，因为很多道理大家都懂。但是，很少有人能够将道理运用于工作、人生。所以，员工在没有意识"错在自己"的前提下，所谓的道理不过是一堆废话。

讲故事，会让员工冷静思考，员工可以将自己代入故事，发现自身问题。当一个人开始思考就说明他已经意识到事情的严重性。思考之后，自己悟出的道理才能真正推动员工改变自己。

作为企业管理者，讲故事也要注意以下几点：

一是在故事情节上，一定要与当时发生的事件有关联，有关联的情景更容易引发倾听者的共鸣。

二是管理者在讲故事的时候一定要考虑对方最关心什么，最想听什么，不必顺着对方的想法，但要顾及对方的想法。

三是讲故事一定要注重提升故事效果的细节。

四是故事要具有戏剧性，或是具有反转，或是出其不意，戏剧性能够提升故事效果。

知识点

1.员工不是孩子，但也是从孩子成长为大人，小时候喜欢听故事，长大仍喜欢听故事，所以，管理者会讲故事很重要。

2.好故事能够让员工自己悟出道理，突出故事细节能让员工更有代入感。

3.好故事具有戏剧性，平淡无奇的故事并不会让倾听者深入思考，具有戏剧性的故事更容易引发倾听者的兴趣和思考。

会讲故事的领导更容易打动下属

在公司管理上，会讲故事的老陆要比只会讲道理的老邢更容易打动员工。

为什么讲故事更有作用？

比如,一个人告诉你"遇到狗的时候离远一点",你或许不以为然。如果,一个人告诉你:

不要去想那条黑色的狗,再重复一遍,不要去想那条黑色的狗。

不要去想这条黑色的狗正在冲着你汪汪直叫,这条半米高的大黑狗脖子上挂着的绳索拖到地上,它瞪着圆圆的眼睛正冲着你汪汪直叫。

不要去想,它突然停止叫声,直直地盯着你,一副要冲向你的架势……

这时,你的脑海里是不是出现了一幅场景:一条挣脱绳索的黑色的狗,站在一旁冲着你汪汪直叫,然后突然停止叫声,直直盯着你,拖着绳索要冲你扑过来。

这个故事在你脑海中形成的画面,肯定要比一句"遇到狗的时候离远一点"更能让你谨记:如果遇到大狗,一定要远离。

约翰·科特说过:"故事长驻大脑,因此带来变化,或者说有可能影响行为。"

遇到资金紧张情况时,很多公司都采取降薪、减薪措施,有的员工于是萌发辞职的想法,如何在这种特殊时刻留住员工,考验的是管理者的能力。

王鑫是一家公司的负责人,他最近比较烦,因为降薪,很多员工都递交了离职书。借口五花八门,根本原因就是降薪,尤其是办公室岗位的员工。

每每员工递辞呈,王鑫都要和员工推心置腹地沟通一番:

员工:王经理,我想要辞职。

王鑫:我看了你的离职书,上面写的理由肯定不是真正的理由,辞职的原因是什么?

员工:不用挑明了吧,一下子削减30%工资,抱歉,我无法接受,而且这个时候如果再降薪,对我的生活影响太大了。

王鑫:你知道吗?咱们公司只是削减30%薪资,很多大公司直接砍掉50%薪资,通过新闻你也知道很多大公司正在大规模裁员,我不认为你的选择是正确的,我觉得你应该看看大环境,现在有份工作就不错了,你看看有多少公司都扛不过去倒闭了。

员工:这个不用您多说了,这样的降薪幅度,我没办法接受。

王鑫:我是站在你的角度,就算是降薪30%,你的收入也不少,如果你辞职,你能保证明天就入职吗?你不能保证,因为你也清楚自己在招聘市场所处的位置,年龄"35+"的员工对于公司来说并不是首选。你有没有从自己的实际情况考虑?再说降薪只是暂时的,为的是让公司更好地支撑下去,等到经济恢复,公司走上坡路了,自然会给大家复原薪资。

员工:我能不能找到工作是我的事,公司复原薪资是公司的事情,您不用跟我讲大道理,这些我都懂。不过,我想离职并不是突然,而是经过深思熟虑的。

王鑫认为员工所谓的深思熟虑不过是借口,但是每次推心置腹的沟通都起不到任何作用。这让他无能为力。

针对他所面临的问题，我给他讲了个故事：

我们公司也出现过这种现象，甚至比这严重。公司需要裁员，一个项目经理并不在裁员名单里，但他却主动递了辞呈。

当时，老板比较诧异，因为公司并没有给他降薪、减薪，裁员名单上也没有他，于是让我找他聊一聊。

"为什么要辞职？不要说一些无关紧要的理由，咱们这个关系，直接告诉我就行。"我看着想要辞职的项目经理。

"坦白地说，有人开出了比咱们公司更优厚的薪资。"他很坦诚。

我没有劝他，而是给他讲了一个故事。我在新加坡管理分公司的时候，老周手底下有一位非常优秀的业务总监，姓梁，这位梁总监的工作能力十分出色。

有一天，梁总监跟老周提出辞职，因为对手公司给出了更好的条件"挖"他，他没有听任何人的劝说，直接就跳槽了。

对手公司一开始的确给出了更好的条件，因为当时两个公司正在争夺一个项目，梁总监又负责这个项目，因此，对手公司下重金"挖"人。公司突然换人，老周临危受命，在艰难的博弈之后，却还是因为各种原因丢了这个项目。要知道，这个项目一开始就是梁总监负责的，他中途退出，对于我们公司来说简直是重磅一击。

梁总监在拿下这个项目之后，并没有"衣锦还乡"，而是不到两个月就被新公司开除了。这家公司还在业内大肆宣扬梁总监人品不行。

梁总监拿了几个月丰厚的薪资之后，面临的就是在行业里混不下去的局面。其实，对方公司并没有给他更多的薪资，只是比我们给出的薪资多了几千块钱，但是，如果梁总监没有跳槽，拿到项目后有一定提成。实际上，提成的金额要比对手公司给他许诺的薪资高很多。

后来见到梁总监，他跟我说当时横了心跳槽就像被诈骗一样，那种感觉就是对方并没有使用高明的招数，但他就是扎进去出不来了。

项目经理听完我讲的故事，并没有立即回复我，而我也只是告知对方："你冷静地分析一下，再作出决定。"

过了几天，他找我拿回了辞呈，他告诉我当时对方公司的话术并不高明，但是有一点说到了他的心坎上："现在公司都不好干，你与其等着老公司把你裁了，还不如自己'裁'了公司，保全面子。"

我当时摇摇头说道："其一，公司不会无缘无故裁员；其二，公司不会裁做出贡献的员工；其三，裁员的公司不止我们一家，你去哪里都要冒风险。"

这个项目经理跟我说："听了您的故事，我也静下心来想了，的确如此。"

用故事管理员工的本质是让员工自己思考，如果你的故事真实而吸引人，他们不仅非常愿意听，而且听后还会分享给他人。很多营销类的故事，就得益于这种口口相传，越传越有影响力，越传越有生命力。

☕ 案例分析

管理者通过故事更容易打动员工，总结一下，有七点原因：

一是故事情节生动，比一般琐碎的信息更容易被记忆和传播。

二是故事能激发人的情感，从而激励人的行为。

三是讲故事就是在分享相同的看法和体验，使人们形成共同的价值观，找到彼此之间的认同感。

四是故事是一种传播知识的途径，很多古代的知识都是通过故事传播的，能够有效地影响人、教育人。

五是故事本身就是例子，就是论证，就是说服力。

六是通过讲述你或你公司的成功或失败的故事，可以赢得别人的认同或同情，让人自然而然地喜欢你、信任你。

七是对听者来说，故事是一个间接学习的过程，他们会从故事中得出启示或结论，无须你多言。

如果说这世上什么最难管，当然是人。每个人都有自己的思维逻辑、情感逻辑。想要管好人，最重要的就是让他听进去你所讲的话。

案例中，梁总监把自己的经历比作诈骗，的确有一点道理。我们发现诈骗的话术听起来都不是很高明，但是能抓住人的某一种心理，比如对金钱的渴望、对亲情的渴望等，并不高明的话术却能让人投入几十万甚至上百万元，就是"吃透"了目标用户的心理。

所以，管理者讲好故事的前提就是要"吃透"员工的心理。

📖 知识点

1.管理者要清楚，大道理往往不能打动员工，不如讲个能让员工听得进去、自我反思的故事。

2.讲故事前需要知道你的员工想听什么，从精神上挖掘他的需求，然后通过故事满足他的精神需求。

3.故事是一种传播知识的途径，通过讲述你或你公司的成功或失败的故事，可以赢得员工的认同或同情，让员工自然而然地信任你，信任公司。

第四章　故事不同的作用和意义

好的故事能够增强团队凝聚力

我在工作中发现，一个具有凝聚力的团队，是很容易翻盘的，如果一个团队连凝聚力都没有，基本上离崩盘不远了。

我见过真正具有凝聚力的团队，也见过形聚神散的团队。管理者也希望公司团队凝聚力更强一些，但是有的公司就是展现出人心不聚的现象。

老林的公司前一阵子开始走下坡路，与员工相比当老板的会更加焦虑，老林就是如此。老林找我大吐苦水："你也知道，这两年疫情，公司能够撑到现在已经很不容易了。谁知道，外面的压力还没有压垮公司，里面的内耗已经要瓦解公司了。"

"为什么会出现这种现象？"我询问道。

"怎么想的都有，很多员工以为我不知道，他们白天坐在办公室，一边上班拿钱，一边找其他工作机会。说实话，现在肯定没有更好的选择，面对工作，你推我、我推你，人事部门针对这种情况找他们单独谈话，一点用都没有。"老林叹了口气，"这时候，如果团结一点，应该可以渡过难关，但现在每个人'只扫自家门前雪，不管他人瓦上霜'。"

听了老林的话，我决定去他的公司讲一节课，提升公司员工、团队的凝聚力。

课程一开始，公司所有人都表现出消极的状态，我在做了简短的自我介绍之后，就直接给他们讲了一个故事：

一个动物学家突然想起来用蚂蚁做实验，于是，这个动物学家就把一盘点燃的蚊香放进一个人工蚁巢。

开始的时候，巢中的蚂蚁们惊恐万状，但大概20秒之后，许多蚂蚁都迎难而上，纷纷向火冲过去并喷射蚁酸。然而，一只蚂蚁的蚁酸喷射量毕竟有限，因此大量的蚂蚁前赴后继，不到一分钟就将火扑灭了。

火被扑灭之后，存活的蚂蚁立即将牺牲的蚂蚁移送到附近一块地方，盖上一层薄土，以示安葬。

动物学家惊叹于蚂蚁的团结。一个月后，这位动物学家又将点燃的蜡烛放到了原来的人工蚁巢中。尽管这次"火灾"更猛，但是有了经验的蚂蚁们迅速集结，有条不紊地协同作战，不到一分钟就将火扑灭了。动物学家认为蚂蚁面临灭顶之灾的表现令人震惊。

其实在野外，当野火烧起来的时候，为了逃生，蚂蚁会迅速聚拢抱成一团，然后如同滚雪球一般飞速滚动，最外层的蚂蚁用自己的躯体开拓求生之路。

不仅是遇到火，遇到洪水时也是如此。在我的家乡，夏天洪水多发，有时候河堤被冲垮，会看到河面上漂浮着一团黑色的球。当球漂过来时才看出那是"蚂蚁球"。家乡的老人们都说："蚂蚁看到洪水来临时，会迅速抱成团，随波逐流。蚂蚁球外层的蚂蚁会被波浪打入水中，但是，如果碰到一个大的漂流物，这些蚂蚁存活的可能性非常大。"

这个故事告诉我们，团结的力量非常大。一个公司能否在市场的打压下坚挺过来，能否渡过难关，靠的是一个团队的凝聚力。在跟员工沟通中，管理者要强调目前职场招聘市场并不乐观，更要给员工带来对未来的信心，激发员工斗志。

案例分析

松下幸之助说："管理的最高境界是让人拼命工作而无怨无悔。"

朗西斯说："你可以买到一个人的时间，你可以雇一个人到固定的工作岗位，你可以买到按时或按日计算的技术操作，但你买不到热情，你买不到创造性，你买不到全身心的投入，你不得不设法争取这些。"

公司雇人到一个固定的工作岗位，只是按时或者按日付给这个岗位员工薪资，买了他们的时间，但并没有买到他们的热情、态度。那么，想让他们热爱这份工作，需要管理者的沟通技巧。

遇到大的风浪时，很多公司撑不下去，有的是因为业务链、资金链断裂，有的公司"死"于无尽的内耗。当公司不得不降薪时，员工们在降薪之后表现出来"骑驴找马"也很正常，谁都想多赚钱。这时，公司会处于一盘散沙状态。

此时，一些管理者特别喜欢讲道理，也喜欢画大饼，越讲道理，员工越烦，越"画大饼"，员工越想早点跳槽。

正确的做法是通过讲事实、故事的方式，让员工看到自己所处的现实处境，让员工明白团结、凝聚力对于自己的意义，更要让员工明白，目前自己与公司是密不可分的，一荣俱荣，一损俱损。

课程结束后，有一些员工收了心，决定踏踏实实地干工作，有的员工仍不以为然。于是，公司果断将这些扰乱公司团结的员工辞退——既然没有心思留在公司，无法提升公司凝聚力，不如直接辞退。

知识点

1.优秀的故事能影响他人思考，但不能强迫他人做出决定。你的故事影响了一部分人，就已经算是一个成功的故事。

2.通过讲故事把核心观念传达给员工，这是让员工更容易接受的方式，也让员工有时间去思考故事传达给自己的观点。

3.讲故事是一种聪明的方法，能够帮助倾听者，带给你意想不到的结果。

团队需要故事的力量

擅长讲故事的领导能够通过故事鼓舞士气、激励下属,提升员工热情。但是,有些管理者对于故事的力量并不以为然,在他们看来,职场员工都是成年人,直接讲道理就行。

正因为职场员工都是成年人,才不能只讲道理。道理显得空泛,讲多了不仅不会提升团队凝聚力,还很容易引起员工的反感。

朋友老邢一直不太赞同我的观点,认为故事是讲给孩子听的,职场中的成年人不需要听故事,听道理就行。但是,他的员工似乎对他每次开会讲长篇大论的道理并不感兴趣,甚至觉得与他沟通有难度。

公司员工一旦对上级管理者或者中级管理者十分不满,就开始想着跳槽。所以,老邢公司员工的辞职率很高,大家的理由各不相同,但实际上是因为对他这种总讲大道理的公司领导失去了信任与希望。

在公司发展过程中,企业管理是一件大事,作为管理者需要给企业和团队一个希望、一个动力、一个目标,让员工朝着一个目标前进,让员工们看到美好的未来。这样,员工才有动力克服困难,才会团结在一起,有一荣俱荣的观念。

老陆与老邢的观念截然相反,老陆多次邀请我给他的公司做演讲。

比如,在一次项目动员会议上,老陆请我去给员工们做思想工作。当时，项目成功的作用和意义以及相关大道理员工都明白，只是员工并不看好这个项目，认为耗时耗力，也未必能达到预期效果，所以工作态度消极。于是，我先讲了一个故事：

足球是大家都喜欢看的竞技比赛，这是一个11个人对11个人的比赛，那么，为什么人数相当的两支球队总是能够分出胜负呢？

有一支球队叫作大山队，这支足球队里每一位球员都很优秀，平时训练的时候，队员们个个都有"所向披靡"的架势。但是，一到正式比赛就不行，就连比他们级别低的球队都踢不过。

这个教练不服气，就偷偷潜入一支比他们级别低的球队一探究竟。结果发现，那支球队在训练上并不如自己的球队，但是不只是上场的11人，所有球员之间的关系都很融洽。

再反观自己的球队，虽然每个人看起来都能独当一面，但真到比赛的时候，每个人都想着自己出风头而忘记了团队精神。这才是导致这支球队屡战屡败的根本原因。再说其他人，因为上场的球员都抱着展现自己的态度，替补队员知道自己上场没什么希望，于是面对训练、比赛非常消极。

教练找到原因之后，开始改变策略，加强团队的协调能力。经过半年多的调整，队员们慢慢改变了之前的想法，队伍的氛围也变得融洽了。最后，赛场上，无论是处于落后、领先还是僵持局面，这支球队总是保持着统一的基调，努力寻找机会，不到最后一刻决不放弃比赛。

故事讲完之后，员工陆续站起来表态，有趣的是，一个故事引发了大家的思考：

员工甲：之前对这个项目并不看好，但也不是不可以尝试，就像故事里讲的一样，不到最后一刻决不放弃。

员工乙：自己在工作中确实缺乏与同事的沟通，在这个项目上，会注重与项目组其他成员的沟通。

员工丙：团结还是我们现阶段要保持的，就像故事中讲的一样，不管我们是否身处项目组，都要做好随时为项目加班的准备。

关于这个项目，老陆并没有过多透露，不过，他交代给我的任务，算是圆满完成了。

案例分析

在这个案例中，老陆是个聪明人，他深知故事的力量在于同一个故事，不同的人能悟出不同的道理。正如我们常说的"一千个人眼里有一千个哈姆雷特"。

尤其是管理团队的时候，每一个成员的境况、特点、性格都不一样，他们看待同一个事物的角度也不一样。比如，案例中，老陆想要动员大家在新项目上更加尽力，但是，有的人觉得这个项目不太适合公司，敷衍一下就行，面对一个拿不下来的项目没必要拼命；有的人则觉得现在团队并没那么团结，想要拿下项目，至少团队更加团结；也有的人从自身出发看待项目。

所以，在故事讲完之后，员工们的反馈是不一样的，这说明故事讲到位了。这就是为什么不要讲大道理，大道理往往针对的是一个点。管理者用大道理要求员工团结，可能和管理者观点一样的员工听进去了，但是认为这是个无效项目的员工根本听不进去，因为在他看来，这并不是光靠员工团结就能拿下的项目。

实际上，故事给了大家一个共同目标，就是这个项目一定要尽力去做。通过一个故事，明确团队目标，明确公司共同利益，同时，这个团队目标还能反映出个人的需求，让每个人都能从故事中找到自己的发力点。总之，一个能够让员工们从不同角度反馈的故事，具有极大的说服力，能够激发团队力量。

知识点

1.在讲故事的时候，一定要营造良好的讲话氛围，讲故事的人一定要置身其中，并且照顾到倾听者的情绪。

2.讲故事的人需要自信，在准备故事时要下足功夫，讲故事的时候饱含感情。

3.在故事中要表达出目标，要让倾听者有一种方向感，牵引着倾听者沿着自己认同的方向前进。

感恩的故事，鼓励员工更积极

老陆觉得自己的公司里总有一些员工抱怨声不断，在工作中也发现一些员工工作积极性不高，并且在言语上质疑公司：

每天都做这些，有什么意义？

每次都让我处理这些事，烦不烦？

咱们虽然赚得少，但是加班多啊！

工资不涨，要求倒是芝麻开花节节高。

……

这样的言论多了，也会影响一些积极工作的员工，所以，老陆让我帮忙想办法。面对这些消极员工，老陆也沟通过，但沟通效果不佳。

当时，也有管理层的人提议给予物质奖励、涨薪奖励、晋升奖励，但是这样的奖励毕竟有限。对公司不满的员工即使得到晋升，也会继续抱怨公司。于是，老陆觉得还是要从精神上激励、感化他们。

为此，老陆特别组织了一个沙龙，在简短的介绍之后，讲了一个故事：

我曾经给一家普通的中型企业进行演讲。

去之前，已经获知这家公司的情况，因为市场环境的改变，公司近两年的效益不好，导致技术人员工作积极性不高。但是，这家公司并没有效仿行业内同类公司，采取降薪、裁员措施，而是保持原薪资待遇。

但是，有的员工很明显在消极怠工，比如，加班的时候他们像是达成了某种共识，都不愿意多加班；之前公司设置的创新奖也没有人愿意挑战。在他们看来，公司效益已经下滑，可能过阵子公司也会降薪、裁员甚至倒闭。

就这样，公司在外力和内因的双重作用下最终倒闭了。公司倒闭之后，这些员工去哪儿了？每年一千万左右的毕业生涌入职场，就业竞争激烈。作为三十五岁左右的职场人，在招聘市场几乎毫无优势。

简短的故事讲完，员工们都沉默了，因为管理者只需要告诉他们公司与个人之间的关系，让他们去思考。

之后，老陆又讲了一个故事：

在我之前工作的公司，有一位出纳，每次办公室来新员工，她都会对新人吐槽公司，然后说一句："哎呀，这公司真是烦人，待着也没有什么希望，我都不想干了。"

财务室的辞职率一直很高，总是过不了多久就会有新员工进入财务室。这位出纳永远都是一套说辞，有趣的是，她从一个出纳干到了公司财务，还是那套说辞。

那些因为听了她的话离开公司的员工却不知道，一直嚷嚷着"不干了""公司不行"的她，不仅没离职，反而升职加薪了。

职场上，你对工作要有自己的想法，不要人云亦云。作为管理者，也应该多讲一些感恩的故事，让公司员工明白自己与公司之间的关系。

案例分析

两个故事阐述了两个观点：

第一个故事激发员工的感恩之心，当一个公司走上坡路的时候，员工会享受到很好的待遇；当公司走下坡路的时候，也能体现出员工的个人能力和个人价值。在大环境并不乐观的当下，公司没降薪、没裁员，员工应该感恩，而不是敷衍度日。

第二个故事告诉大部分员工，不要听个别员工的吐槽，可能他人只是习惯性地吐槽。公司好坏还是要自己去看、去体验。

这两个故事会影响很多员工。员工听完故事，自己会思索、反思，从而改变工作态度。

知识点

1.讲故事也要分主次，先解决重要、重点问题，再尽量解决补充问题。

2.在开会、演讲过程中，故事可以穿插其中，不一定讲比较长的故事，一些小故事更能抓住倾听者的注意力。

3.故事确实可以影响一些员工的工作态度，但是，也需要员工自身去领悟其中之意义，因此，故事的效果因人而异。

现实的故事，教会员工自我思考

作为公司管理者，如何让员工积极主动、全力以赴地工作，始终是个重大课题。一个公司就好像一个小社会，员工们因为成长环境和经历不同，性格和处事方式也各有不同。有的员工工作积极向上，有的员工一边工作一边抱怨，还有的员工工作不积极。

总有些员工在抱怨：不涨工资、总是加班、不发补贴、领导脾气不好等。员工若是心情不好，或者在工作中出现一些负面情绪，听到这些抱怨容易加速辞职。

那些整天抱怨公司的员工，在公司干了一年又一年，然而听着抱怨的员工却动了辞职的念头。

之前有一个员工杨子，工作能力很出色，有一天突然提出辞职。我有点惊讶，因为他在公司一直积极向上，为什么会突然辞职呢？

听完他的辞职理由，我决定给他讲个故事：

之前我负责的部门有两个员工，一个是小贾，一个是小甄。

小贾对小甄说："我要辞职，这个破公司简直待不下去了。"

小甄听后问小贾："怎么了？公司不是挺好的吗？"

小贾愤愤不平地说道:"好什么呀,工资低,加班多,一天到晚领导黑着脸,跟谁欠他似的。"

小甄皱皱眉头,仔细想了想,说道:"好像是呢,我也想辞职。"

小贾赶紧说道:"是吧,那我支持你。"

这次对话之后,小贾和小甄又有多次沟通,小贾总是撺掇小甄,埋怨公司。两个月之后,小甄提出辞职,公司并没有挽留。

小甄辞职一周后,询问原同事小贾怎么还没有辞职,这时获知小贾已经被提拔为总经理助理了。

杨子听完之后惊叹:"还有这样的操作!"我笑而不答。因为杨子入职只有半年,而且一直干得很好,如果不是因为听到了一些"风言风语"是不会提出离职需求的。我通过讲故事告诉他一点,工作是自己的,工作经历是丰富自己的简历,在职场中最忌听风就是雨,最终做出仓促而错误的决定。一个无法做出正确判断的员工,对公司来说也是一场灾难。

其实,再优秀的公司也会被员工吐槽,对于新入职的员工来说,一定要有自己的判断,不要听老员工吐槽。真正对公司意见大的员工,都会悄无声息辞职另谋高就。

☕ 案例分析

如果一个员工工作三四年找老板提加薪,那是真的有提薪需求。但是,入职半年时间就提加薪,十之八九是因为"耳根子软"。

故事很简单,也很常见,有时候直接跟对方说"你不要听别人说",

对方不仅不会听，反而会产生反感。但是一个简单的故事，能够引发倾听者的思考。

在讲完第一段的时候，杨子能够听出故事的画外之音，但是就这么结束对于杨子来说只能起到提醒的作用。若想要鼓励杨子踏踏实实地工作，还需要故事的下半段，而且下半段的补充也不容易引发员工之间的矛盾。

有心理学家认为，一般情况下，人的行为都是源于某种动机，也就是说，内部动机是行为产生的动力。所以，一个员工是否愿意工作，是否积极工作，主要取决于他的内部动机。

因此，公司对员工的激励，从本质上来说就是满足员工的需求。作为管理者，都希望员工在工作中投入极大的热情，员工只有不断提升自己，才能胜任更高难度的工作。只是员工的热情需要管理者时常激励一下，就像每周都有例会的公司，除了对工作做一些总结、计划，还要在会上激励各部门员工。

如果员工做一天和尚撞一天钟，必然会令公司止步不前。通过讲故事的方式激励员工，可以提升员工的工作积极性，教会员工主动思考。

📖 知识点

1. 故事一定要讲完整，切忌掐头去尾，一个完整的故事会引发倾听者对自己所经历、所面对的事情进行整体思考。

2. 对员工讲现实的故事，应该把利益关系展现出来，让员工自己反思。

3. 好的故事能够让员工对企业充满信心，也能激发员工的积极性。

合作的故事，激励下属合作协同

管理者希望自己的下属能够彼此合作，共同把工作完成。很多时候，公司团队之间的关系并不会按照管理者的想法，有些团队就是缺乏合作精神。

一个企业管理者，要求员工在例会上讲一个故事。这里的例会，不是一个月一次，也不是一周一次，而是每天早晨的例会。

时间久了，讲故事的员工就从网上下载，毫无感情地讲一讲，听故事的也是坐在那里左耳朵进右耳朵出，反而失去了当初的效果。

讲故事固然好，但不能过犹不及。偶尔的故事会吸引员工，频繁又与现实不符的故事实际上并不能引起员工的兴趣。

朋友大刘觉得讲故事效果不好，后来我得知，他的员工每次讲故事都围绕着小动物："将小猴子们放在一个屋子里，肉放在最高处，懂得合作的一起吃肉，不懂合作的自相残杀；小老鼠们想要喝油，会合作的都能喝到油，不会合作的，都掉进油桶了。"

我坦白地告诉他，这些故事只是简单地从网上复制粘贴，没有任何作用："你这些故事的确是在讲述合作的重要性，但是如果是我，我也听不进去。因为我是员工，不是小动物，我有自己的思路、思想、逻辑。"我提醒他，太频繁讲故事最终成了员工的负担，当一件事成了负担，就没有人喜欢做这件事。

应他之约，我参加了他们公司的内训活动，正巧有一个项目需要大家协同合作。老刘在会上讨论这个项目的时候，项目一组和项目二组显然不愿意合作。众所周知，一个项目谁负责谁拿钱，从最本质的利益上讲，一组和二组是竞争关系，让这两个团队在一起协作还是有难度。

我做了简单的介绍后，给大家讲了几个故事。

第一个是一个历史故事：

1860年大选结束后的几个星期，大银行家巴恩看到参议员萨蒙从林肯的办公室走出来。萨蒙曾在巴恩面前自认为比林肯厉害，于是巴恩赶紧跟林肯说："你不要把萨蒙选入你的内阁。"

林肯问道："你为什么这么说？"

巴恩说道："他曾经在公共场合说过自己比你伟大得多。"

林肯紧接着问道："那你还知道谁这么说过？"

巴恩想了想，"不知道了，不过你为什么这么问？"

林肯笑着说道："因为我要把他们全都收入我的内阁。"

这个故事告诉我们，团队的力量是无法估量的，因为团队每一位成员都是优秀的，当所有人一起发挥作用时，这个团队就是无敌的。

俗话说："三个臭皮匠，赛过诸葛亮。"也就是说，一个人的力量是有限的，众人的力量是惊人的。

第二个是一个贴合实际的故事：

公司想要拿下一个比较大的项目，会上，大家讨论哪个项目组能够胜任。项目一组属于比较保守的一组，他们觉得项目超出他们的能力范围，但是，利润又是非常可观的，所以，他们打算等一等再说；二组相对来说创新力非常强，但是做事多少有一点毛躁，从二组之前的项目来看，这个组属于冲劲特别足、后劲薄弱的一组，他们倒是很积极；三组属于大项目经验丰富的一组，但是问题在于人员比较少，一旦操作起来需要从各组调人。

如果三个组各自为战，很难拿下这个项目，竞标的对手公司实力也不容小觑。领导的意思是让我从中做工作，让三个组共同领任务。

但是，每个组考虑的是拿下项目之后的利润平均分配不合理，所以，虽然我尽力了，但是三个组还是各有自己的想法。

一组的态度是比较中立的，对他们组来说，稳妥是最重要的，所以，能够加入项目更好，如果不能加入也不强求。二组的态度就是，自己是整个项目的前锋，"攻坚"都是自己的，如果利润平均分配，就是不公平。同样觉得不公平的还有三组，三组认为拿下整个项目之后，后期的维护也需要整个组全部投入，付出的绝对要比一组、二组多，因此三组也不愿意合作。

还没有拿下项目，公司内部就已经矛盾重重了。面对这种情况，管理层很疑惑，平时看他们团队合作都很好，但这次面对一个"大蛋糕"怎么不愿意合作了？其实，没有团队不愿意拿下这个大项目，这件事的关键点在于后期利润如何分配。

之后，管理层紧急商议，在利润分配上做了调整，不再平分，而是根据整个项目中工作难易程度分配。就这样，二组、三组内部也是频繁开会，最终达成一致，三个小组整合成一个大组。

一组因为属于保守稳妥型，所以负责相关的标书、方案制作以及前期投标工作；二组属于创新、业务能力强型，打"先锋"争取在重重竞争中夺标；三组在拿下项目后负责后续维护，并且因为三组人员不足，可以调借一组、二组人员补充。

如果心不齐、不团结、不协作，蛋糕即使在眼前，也会被别的对手公司抢去，也就是说，再不合理的分配，每个参与者也能分到一杯羹。面对利润分配不合理，公司也可以做出调整。但是，大家如果都不愿意付出、协作，最后的结果就是谁都得不到好处。

故事讲完之后，取得了很好的效果，每个组开始讨论主要负责的内容。任何一个领导者都明白，管理公司实际上就是管理人，每个人都有自己的想法，管理起来并不容易。很多公司忽略了人员管理，实际上员工管理不到位，员工无法团结协作，公司各项工作都会受影响。

案例分析

有些管理者的确看重故事的力量，却把讲故事这件事程序化、形式化，把讲故事变成了员工的负担，自然员工们也对故事麻木了。

比如，关于协作的故事，在网上搜索会出现很多，都是关于小动物的。这样的故事离我们的实际生活与工作比较远，无法让倾听者产生代入感，也不会引起共鸣。毕竟，我们和小动物的共鸣点比较难找。

把讲故事形式化、程序化，每天例会都讲故事，员工就会对故事感到厌烦，故事则失去了力量。

每个管理者带领的员工都不一样，大家成长背景不同，接受不同的教育，有不同的思维逻辑和处世观点，想让所有员工能够团结协作，管理者要给他们设定一个既定的目标，促使他们合作。

知识点

1.让员工频繁讲故事，故事就失去了力量，成了员工的负担。

2.故事的内容不要总以网上的那些小故事为主，网上的故事虽然有一定说教意义，但是这些故事相对来说给人的冲击力比较小。

3.管理方式应多样化，故事只是其中一个方式，主要是保证在团队内部有足够的沟通时间、适宜的空间或渠道、良好的沟通氛围。

第五章　一个好故事在现代企业中的应用

故事，是用语言激励下属

管理者都希望自己布置给下属的工作能够及时、有效甚至高效完成。但是，职场中如果管理层太过苛责，又缺乏激励下属的方式，就会出现管理层着急，下属却不以为然的局面。

很多管理者对此表示很无奈："一是没有给下属晋升的职权，二是没有给下属加薪的钱，怎么激励？"

实际上，对于下属来说，即便通过语言激励，也会提升他们的工作积极性。

杨桐想辞职，但又非常矛盾，于是打电话向我咨询。

杨桐出色地完成了工作任务，他回到公司兴高采烈地向上级主管汇报说："许总，有一个好消息，我跟了两个月的客户今天终于同意购买咱们的产品了，而且订单金额比我们预期的多了25%，这是我们在本季度价值最大的订单。"

但是，他的主管许经理却冷淡地说了一句："是吗？这跟你今天上班迟到有什么关系吗？"

杨桐一愣，忙回答道："迟到是因为今天路上堵车了。"

许经理冷冷一笑："一迟到就找理由，要是都像你这样，公司业务还怎么做？"

杨桐垂头丧气地说了一句："我下次注意。"

许经理继续说："下次，每次都说下次，每次都有理由，你这样怎么获得客户的信任？"

杨桐带着满肚子委屈和不满离开了许总办公室。

因此，杨桐特别想辞职，但是，刚签下了订单，若辞职就相当于把自己的劳动成果拱手送人，所以他很纠结。

杨桐所遇到的许总这样的管理者并不是个例，我的朋友钱经理就总在下属工作积极性最高的时候迎面泼一盆冷水。有的员工在工作中做出了成绩，他选择无视，然后吹毛求疵地挖出一些小缺点去训斥下属。

我曾不止一次告诉他："一定要适当地用语言激励下属。"

但是，钱经理却说："不能夸，夸多了会骄傲，到时候工作更浮躁。平时没事儿就敲打着点，反而让他们对工作更上心。"

于是，钱经理管理的业务部门成了全公司辞职率最高的部门。因为业务部门是公司的核心部门，公司大部分客户、资源都在业务员手中，一旦辞职对公司来说损失重大。

最后，钱经理被调离了业务部。业务部新任职的林经理行事作风与钱经理不同，同样在没有实质性激励的情况下，却能够从细节入手。

例如，业务员小赵和杨桐情况差不多。小赵经过两个月的沟通联系，终于说服一个大客户购买公司产品，并且也是订单金额超预期的大订单。

林经理先是单独对小赵进行了表扬和激励，之后在公司例会上，特意将小赵的成绩以故事的形式讲给全公司的人。林经理在故事中细细阐述了小赵是怎样克服困难、出色完成工作任务的，一方面表扬了小赵，另一方面给其他业务员以指导。

没有晋升、没有加薪，但是，业务员小赵却在之后的工作中更加努力，甚至带动了整个部门的工作热情。

所以，作为管理者，不要吝啬自己的语言激励，像林经理这样把员工的成绩编撰成故事，既能激励员工本人，又能激发公司其他员工的工作热情。

☕ 案例分析

晋升、加薪的确是最好的激励员工方式，但是，如果一家公司，晋升、加薪成了习惯，就是一场灾难。毕竟公司职位有限，加薪预算也是有限的，所以，语言激励、精神激励才是长久之计。而且，一个人把一份工作做到80分也许是因为钱，但是一个人把一份工作做到120分一定是因为热爱和自驱力。

案例中的杨桐之所以生气，是因为他辛苦跟了两个月的客户终于签单了，还超出原定金额。这么大的成绩，许经理看不到，只看到了他今天"又迟到了"这样的小事。对于杨桐来说，为公司创造价值远比按时上下班更重要，许经理抓小放大，甚至上升到"诚信"层面。

诚信是业务员的根基。管理者即便不想表扬，也不能打压，因为这很容易引起员工消极怠工，挫伤员工工作积极性，明智的管理者都不会出此下策。

许经理的几句话，挫伤了一个优秀业务员的积极性，对员工没有益处，实际上对他也没有任何好处。

钱经理和许经理如出一辙，钱经理的初衷是担心下属被表扬、被夸奖之后会浮躁，反而不容易好好工作，不如总是敲打着点，让员工浮躁不起来。殊不知，员工都是有思想、有态度的成年人，一味地打压最终会引发员工不满，提高辞职率。

林经理也是没有晋升权力、没有加薪权力的部门经理，但却能够"哄"着整个部门的员工尽心尽力、积极、热情高涨地完成工作。

原因就是林经理不仅会讲故事，而且会在恰当的场合讲故事，用故事、用语言激励了取得成绩的员工。

乔吉特·勒布朗说："人类所有的仁慈、善良、魅力和尽善尽美只属于那些懂得鉴赏它们的人。"其实，任何一个员工都希望得到别人的肯定，尤其是上级的认可。

📖 知识点

1.作为管理者，选择语言激励、精神激励要比晋升、加薪等成本更低，效果更好，重点是，故事等语言激励可以无限使用，能够起到凝聚团队的作用。

2.下属们都希望自己的领导能够关注自己所做出的成绩,适当、适时的表扬与夸奖会激发下属的工作积极性和工作热情。

3.作为领导者,当下属工作出色的时候,应善于将下属的出色成绩编成故事来讲述,让下属感受到你的关注。

批评下属,故事引导更委婉

批评下属更需要技巧,比如通过故事可以让下属意识到自己的错误,并自我反省,改正错误。

刚进公司的实习生被分配到同一个宿舍,都是二十出头的男孩子,宿舍设施一应俱全,导致这些男孩子每天下班后都"宅"在宿舍里打游戏。

上班半个月后,我发现他们打游戏的时间持续到半夜。打游戏打到半夜,后果就是,每天早晨他们都是一副没睡醒的样子,卡着点到办公室,在办公室聊的也都是游戏,工作上反而显得消极怠工。

我本可以直接跟公司说取消宿舍的无线网络,但我并没有这么做,而是将他们叫到一起,开了个会。会上,我先给他们讲了一个故事:

大家都知道美国石油大亨保罗·盖蒂吧?其实,这个美国石油大亨曾经也是个任谁都劝不了的大烟鬼,抽烟抽得特别凶。有一次,他在一个小城市的小旅馆过夜,半夜的时候,他烟瘾犯了,想要抽一根烟。

虽然明天还有重要的事情，但是保罗已经顾不上了，他起来摸了摸上衣口袋是空的，包里也没有一根烟。于是，他穿好衣服想要去外面买烟。外面下着瓢泼大雨，他拿着雨衣正要穿的时候，突然停住了。

他看着穿衣镜中的自己，反问道："我这是在干什么？"

作为一个成功的商人，此时此刻竟然要冒雨去买一盒烟，简直是荒唐啊！于是，保罗脱下衣服换了睡衣回到床上，带着一种解脱甚至是胜利的自豪感就睡着了。有趣的是，之后保罗不再依赖香烟，当然他的事业越做越大，最终成为顶尖富豪。

这个故事告诉我们，一个真正的强者，他懂得约束自己的行为，为自己的行为负责。现在的你们只是实习生，但你们是未来的领导者，你们要思考将来如何去领导别人。

你们不是不可以打游戏，但是，时间上也要给自己一个约束。熬夜打游戏不仅会导致上班迟到，或者上班期间没精神，还会使你的身体因为长时间熬夜而受到损害。

男孩们听完我的故事，没有一个站起来反驳，都若有所思地点头。

之后，男孩们的宿舍里贴着一张纸，上面写着工作日打游戏的时间与休息日打游戏的时间。细看下，就算在休息日，他们也不会再像从前那样通宵熬夜地打游戏了。

案例分析

在案例中，我以讲故事的方式达到了批评的目的，并且，通过故事正确引导年轻人正视自己的未来。

其实，每个人都有自尊心，尤其是已经步入职场的成年人。管理者批评犯错误的员工时，应当考虑对方的自尊心以及脸面。

比如，批评下属的时候要心平气和、春风化雨，而不是大发雷霆、横眉怒目。

对于明知自己犯错的下属，只要你就事论事、态度温和批评他，他是能够接受的。反之，你如果横眉冷目、冷嘲热讽，即便他有错在先，也不愿意听你的批评，进而产生矛盾。

我们在生气时很难保证自己的言语、语气能够心平气和。这时候，先准备一个故事，故事讲完了，你的气也消了不少，对方也能听进去。重要的是，他能够从故事中意识到自己的错误，从而自行改正。

知识点

1. 在批评下属的时候，最好将犯同类错误的人聚到一起，一个故事能够直接影响他们。如果犯错误的只有一人，就要单独跟这一人沟通，最忌公开批评。

2. 通过讲故事的方法，声东击西，给被批评者留下思考的余地，也能让被批评者更容易接受。委婉式的批评不会伤害被批评者的自尊心，也会起到警示作用。

3. 讲故事也要就事论事，而且要目的明确，避免被批评者听了半天还一头雾水。

说服下属，故事更能让人心悦诚服

说服一个人，重点在"说"。既让对方知道你在说什么，还让对方能够听进你所说的内容，最后，让对方信服你所说的话以及同意你的观点。

管理者或许遇到过这样的下属：当你跟对方沟通时，表达出自己的观点，对方并不接受，还会直接反驳你的观点。遇到固执一点的，甚至要用自己的观点说服你。

这时候，作为一个管理者该怎么办？继续讲道理的结果是，有可能两个人不欢而散，不仅没有达到你想要的效果，甚至可能会让下属心生芥蒂，影响后面的工作。

所以，这时候讲故事、举例子要比直接讲道理更有效果。

尤其是公司的中层管理者，在公司工作中、在人际关系处理上处于比较"艰难"的位置。中层管理者所面对的是不仅要说服下属，还要说服上级的考验。

一次，在全公司汇报大会上，项目部门李主任的建议似乎没能引起部门下属的共鸣，大家都选择"墨守成规"，觉得他提出的建议有些冒险。

但是，大老板对这个项目比较看好。为了支持李主任的观点，我就给大家讲了一个故事：

有一次，我参加公司核心系统的技术方案汇报会。之前，大家已经分析清楚了现有系统的问题，每一个问题都做了针对性的改进方案。我作为不同部门的管理者，具体细节并不熟悉，单从汇报来看，我觉得工作是做得比较细致的。

殊不知，整个方案介绍完之后，公司负责技术的老总脸色并不好看，他说了一些不满意的话，主要是眼光不够长远、设计缺乏前瞻性等。大家听得一头雾水，在设计之前并没有这样高要求、高标准，这都已经完成了，突然要求、标准都提高了。

这时，一个中层管理者提出问题："您说的问题的确存在，如果由您来设计，您的具体方案如何做？"

负责技术的老总脸色一变，直接回道："我拒绝回答这样的问题，应该是你们搞清楚然后告诉我。"

散会之后，大家都手忙脚乱，毕竟做出的方案与老总所要求的落差太大。只有提出异议的那位中层管理者表现得非常淡定，他厘清了思路，将方案仔细捋了一遍，分析方案中可行与不可行之处，其间还与老总心平气和地沟通。

在这段时间里，这位中层管理者得知了老总的真实想法，也让老总清楚了具体实现中面临的困难。在第二次正式汇报会上，他将改进的方案一一阐述，并且方案得到一次性通过。

这次汇报会不久，技术老总私下与我聊天时，对这位中层管理者赞赏有加。

大家听完我的故事，从集体沉默转变为讨论项目，不一会儿便有部门主管发言："每个项目都有其特点，墨守成规只是说过程中不会出差错，并不代表我们一准能拿下项目。如果按照李主任的建议，胜算可能会大一点。"与会各部门员工针对李主任提出的建议开始了讨论。

让下属放下己见、放下固有的想法，愿意接受管理者的观点，才是真正说服了下属。

案例分析

工作中，很多人喜欢"墨守成规"，或存在固执观点。想要让这些人接受你的观点，讲道理行不通，最好就是讲故事。

案例中，李主任提出建议时，并不是所有人都反对，而是大家都抱着"多一事不如少一事"的想法，想着就按照原来的走。如果这时候继续强调新建议的意义和作用，反而会让大家产生抵触心理。

而通过一个类似的故事告诉大家，既然开会就需要群策群力，一开始保持沉默的员工就会因为参透故事所说的道理，积极参与到讨论中。

这时也会有坚持原方案的员工，在双方的讨论与商榷下，一定会提出更适合这个项目的方案。有讨论、有进退、有变通，这才是开会的目的。

所以，管理者在会上提出的建议无人应答，不要着急，讲好一个故事，让他们自己去领悟。

自古以来，那些颇具智慧的大臣在向君王进谏的时候，都会采用这样的表达方式。在《邹忌讽齐王纳谏》中，邹忌并没有直接说出自己的建议，而是通过举例子来表达自己的想法："臣诚知不如徐公美。臣之妻私臣，臣之妾畏臣，臣之客欲有求于臣，皆以美于徐公。今齐地方千里，百二十城，宫妇左右莫不私王，朝廷之臣莫不畏王，四境之内莫不有求于王，由此观之，王之蔽甚矣。"齐王听进去了，而且不怒不气。

这就是讲故事的力量。

知识点

讲故事也要注意几点：

1.选择有代表性且简短的故事，故事一定要有目的性，让下属听完之后还有思考的时间。

2.故事要讲究适当性，比如，案例中讲一个切合实际的故事要比讲一个历史典故更能让与会员工听进去。

3.隐晦表达自己的目的，这就要求所讲的故事贴近生活、贴近实际。人们更喜欢对与自己工作、生活有相似场景的故事进行思考。

激励下属，要把自己的故事讲出来

我们知道语言的力量，作为管理者同样可以借助语言的力量激励下属。但是，什么样的语言更能激励下属呢？

托尔斯泰说过："真正的艺术永远是十分朴素的、明白鲜活的、几乎可以用手触摸到的。"

所以，如果讲述自己的故事，对于下属来说，具有更真实的激励作用。

公司年会一般都有优秀员工、管理层发言环节，这个环节实际上就是通过优秀员工、管理层的发言激励其他员工。

有趣的是，在发言过程中，如果台上的人一直在讲大道理，喊口号，坐在台下的员工几乎不会用心听。

但是，在年会上，如果像闫贺雲这样将自己的经历与大家分享，台下大部分人会认真地聆听。这一次分享的主题是"如何让朋友帮你完成业绩"：

很多刚入职的同事埋怨现在环境不好，车卖不出去，钱挣不着。但是，大家也要注意一点，我们出售的汽车，价格上是分档的，如果说百万元的车不好卖，那么一二十万元的车呢？

我刚进入汽车销售行业时，也和大家一样，不知道该如何在茫茫人海中找到客户，这座城市有那么多汽车销售4S店，客户都被他们抢走了，我该如何找到客户？

当时，因为时间空闲，身边的同学、朋友也多，大家都刚步入职场，难免有个难处。我热心肠，只要能力范围内的能帮就帮。那时候，一个月挣的钱都不够花。

但是，我入职后的第一个订单，是我同学给我介绍的客户。

这个同学与我关系不是很铁，但是之前他们家出事，我还是尽自己所能地帮助了他。所以，当他得知自己的好友要买车，第一时间将我介绍给了他的好友。

这样的事很多。比如有个同学结婚,我过去之后本想吃顿饭,结果和旁边的人聊得很投机。他正好有买车需求,我们吃完喜酒,直接到店里看车。

有时候,我的同学、朋友可能没有买车的意愿,但他们都帮我留意,遇到想买车、换车的就会推荐给我。

还有一点,自己也要耳听八方。之前我有一个大单,就是一个企业购车。消息实际上是从一次聚会得来的,很多有价值的消息,说的人无心,咱们做业务的就要多个心。

翻看一下我的业绩表,所有客户都是直接或间接地由朋友推荐的。我常常和那些销售新手说,与其在外面辛苦地寻找客户,还不如从身边的人开始挖掘,只要我们经常和朋友联系,同学有事时主动帮忙,将心比心,你也会得到朋友、同学的帮助。

闫贺雲讲完这些,台下响起了阵阵热烈的掌声。台下的听众听得很认真,尤其是销售部门的同事们,不仅获得了成功经验,而且这个经验对自己日后业务的拓展有实际指导作用。所以,闫贺雲的演讲会引起全场的关注。

案例分析

作为销售员,工作过程中肯定会遇到困难,最大的困难就是寻找客户。

在演讲中一味地讲道理,会让人听不进去,直接讲道理很难引发倾听者的思考。

因此，喜欢讲大道理的领导，说出来的话相对比较"空"，倾听者并不感兴趣。可是闫贺雲不一样，他讲的是自己的经历。

首先，他进入公司之后做出的成绩是有目共睹的，所以，他的经历让很多人感兴趣。

其次，他在讲述中没有一直提自己的成就、成绩，而是以故事的方式告诉大家自己是如何一步步走过来的，故事内容真实可信。

最后，他的故事是解决方案，提供给销售员一个挖掘客户的方法。

所以，对于台下的人来说，他的故事激励了自己。同时，他的故事也是一个很好的解决方案。对于倾听者来说，方法适不适合自己不重要，重要的是"学到了"。

知识点

1.激励下属，用自己的经历编故事，切记少宣传成绩、成就，因为你的经历才是下属想听的内容。

2.自己的故事可以艺术化，但一定要符合实际。

3.对于倾听者而言，你的故事不单纯是个故事，而是工作中某个问题的解决方案。

团结下属，需要积极正面的故事

我们在工作中会遇到不太合群的同事。管理者都希望整个团队团结、凝聚，所以，我会把员工的一些资料都整理好，比如员工的生日、家庭状况、性格等，这样在工作中与员工沟通的时候，才能做到知己知彼。

最近，公司来了一个新员工张瑞，二十出头的小伙子，但是他性格有些孤傲，平时也不愿意与其他同事打交道。作为管理者，我当然希望公司的员工更加团结，氛围更加温馨。所以，我决定找他聊一聊。

实际上，在我找张瑞聊之前，他的部门主管老王已经单独跟他聊了。老王对张瑞的评价就是："这张瑞就像木头一样，你说什么都点头，连个'嗯'字都省了。"

公司技术部非常看重张瑞，但是又担心张瑞略不合群的性格会影响整个项目的进程。

我将张瑞单独叫过来，开门见山地对他说："你来公司也有一段时间了，不管是公司还是你所在的部门，大家都很好相处。而且大家来上班都是为了生活，你不必有太大的思想包袱。"

果然如老王所说，张瑞的反应就是点点头。

我只能继续说道："我给你讲个故事吧。"见他没有反对，仍旧是点点头，我娓娓道来：

故事领导力：不会讲故事的领导不是好领导

有一个博士被分配到了一家研究所，成为研究所学历最高的人。

有一天，这个博士到单位后面的小池塘去钓鱼，正好所长和主任也在钓鱼。这个博士看到两位领导只是点点头，觉得自己跟他们没什么好聊的，更何况这两位领导只是本科毕业。于是，博士单独坐在一旁开始钓鱼。

这时候，只见所长伸伸懒腰，将手中鱼竿放下，"噌噌"从水面"飞"到对面厕所，一会儿工夫，还没等这位博士反应过来，又"噌噌"从水面上"飞"回来。

"水上漂"只存在于武侠小说里啊，博士看了看所长，想问，但是碍于自己是博士，觉得这种事都要问一个本科生有点丢面子，于是就按捺着好奇心继续钓鱼。

一会儿，主任也站起来，跟所长一样，"水上漂"一样地上了个厕所。博士目瞪口呆地看着眼前这一切。

没多久，博士也想上厕所了，如果不从池塘上"水上漂"，就要绕很大一圈。他琢磨着，他们只是本科毕业，自己则是博士毕业，他们既然行，那自己也行。

博士站起来往水里跨，扑通一声，博士掉进了水里。

所长和主任赶忙将他拉起来，问道："好好的为什么要下水？"

博士说："我看你们都可以走过去，心想着我一个博士，怎么也不会比你们差啊。"

所长和主任对视一笑："傻孩子，池塘里有两排木桩子，由于这两天下雨涨水没在了水面下。我们都知道这木桩的位置，所以可以踩着桩子过去。你怎么不问一声呢？"

张瑞在听完我的故事后并没有说什么，但是隔天他就亲自去请教了公司一位资深的技术员。

☕ 案例分析

公司管理者都希望员工团结，有凝聚力。所以，如何团结员工就成为很多管理者必须考虑的问题。

员工来自不同的城市，有不同的生活方式，他们的性格不同、处事方式不同，所以真正团结起来并不容易。

案例中的张瑞是极个别现象，认为自己学历高或者技术能力强，性格上有些孤傲，公司舍不得辞退这样的员工。但如果长久保持孤傲状态不与其他员工沟通，实际上也会影响整个部门的工作。

因此，想要团结下属，就需要管理者学会方法，掌握好火候。我讲给张瑞的故事是个有趣的故事，实际上，这个故事正好贴合张瑞所处的现状，所以，他肯定能听得进去。

管理者为员工讲故事，让他自己思考。像张瑞这样的员工，你与他讲大道理，实际上是行不通的。所以，管理者需要选择员工能听进去的方式，比如讲一个让他觉得有趣又有意义的故事。

需要注意的是，故事不能带有任何讽刺、嘲笑意味，因为像张瑞这样的员工比较敏感。如果故事的"火候"不恰当，他很容易误解你是在嘲讽他。因此，故事要选对，讲故事时的语气、动作也要到位。

知识点

1.收集员工的一些基本信息，了解员工的性格、所处环境等，这样有利于在沟通的时候能够把话说到员工心里。

2.故事的内容可以贴近倾听者的实际情况，但不要让对方觉得你在取笑他，而是让对方听完故事产生思考。

3.管理者在讲故事的时候，要在"尊重"和"激励"上下功夫，因为讲故事的主要目的是团结员工。

留住下属，用故事代替更多道理

工作能力优秀的员工向你提出加薪的要求，你该如何回复？

工作能力优秀的下属向你提出辞职，你该如何挽留？

工作能力优秀的下属不愿融入团队，你该如何解决？

我见过一些管理者，在遇到员工提出加薪或者辞职要求之后，通过苦口婆心地讲道理企图留住员工。然而，无论管理者如何滔滔不绝地阐述自己的观点，员工却不为所动，甚至在管理者一番自认为"将心比心"的劝说后，使想要加薪的员工极为不满，使提出辞职的员工加快了速度。

实际上，面对员工，讲故事摆事实要比讲道理更重要，想要留住下属，不妨给他讲个故事。

老友刘先生最近联系我，说自己遇到了一件棘手的事情。原来，老刘的公司里有一名叫张泽的员工，来公司四年多了，最近张泽直接向老刘提出想要酌情加薪。在老刘看来，虽然张泽在公司干了四年，但是，张泽除了工作踏实、态度认真，工作能力和业务能力并没有太大提升。因此，老刘不想给张泽加薪，却又想继续留他在公司。

在了解了老刘的诉求之后，我决定跟他好好聊一下。

"上次张泽跟我提加薪的事情，我苦口婆心跟他说了良久。"老刘看着我说道，"当时，我选择先扬后抑，先是对他进公司这几年的努力付出给予肯定，然后跟他讲了一下目前行业、公司的处境，最后也'点'了他一下，就说他现在的成绩还没有达到加薪的标准。"

"这次沟通大概在什么时候？"我问道。

"也就半年前吧，我看他当时有点不情不愿，但也没说什么。不过，近半年的工作老是吊儿郎当的，怎么说呢，他手上有客户，但感觉不是特别尽力。"老刘皱皱眉头："不过，这次他又提加薪，我也挺矛盾。"

"你可以给他讲一个故事，让他自己去琢磨。"

"讲一个故事？"老刘笑笑说道："我这苦口婆心地讲道理他都没听进去，讲故事他能听进去？"

虽然老刘这么说，但他还是听取了我的建议，决定跟张泽好好沟通一下。

张泽：刘总，之前跟您提加薪的事儿，您考虑得怎么样了？

老刘：说实话，你来公司时间也不短了，的确，你在这几年的工作中兢兢业业，付出颇多。看到你现在，不由让我想起了当年的自己。

故事领导力：不会讲故事的领导不是好领导

我第一份工作面试的是公司的经理，但是我没有想到的是，这家公司只有三个人，一个是王经理，两个是业务员。王经理也是刚开始创业，当时鬼使神差地我就答应了。

平时，王经理和两个业务员要出差，到处拉业务，我在公司负责采购、安排送货等工作。经过两年的发展，公司做起来了，有了更大一点的办公室，也招了一些新人。但是，新人的工资比我高，我自然觉得心里不舒坦，认为王经理这一点做得不对，于是找到王经理。

王经理跟我说："你和他们两个一起进公司，现在他们没有要求涨工资，我也不好给你涨。毕竟，业务员在外面谈业务，比你要辛苦得多！"

一开始我不服气，业务员虽然没有涨工资，但随着公司业务量提升，他们每个月赚得多。我心里闷得慌，于是找朋友喝酒，朋友跟我说："你这几年一直在办公室清闲，换个人一样能做。"

当时我就意识到，经理是否给我加薪，不是依据我进入公司时间的长短，而是我为公司创造价值的大小。之后，我主动请缨，申请调入业务部门。

不过，你跟我不一样。

张泽：我怎么跟您不一样了？

老刘：一是，你的工作不是谁都能上手的，而且你本身已经有了一些客户、资源。二是，你这几年的努力我还是看得到的，但是从我的角度来看，你现在这份业绩表的内容，按照本部门的薪金评估标准，这些数据的说服力显得很不够。不过，现在离年底的评估报告还有一段时间，你可以再努力努力，争取让你手上的那两个大客户跟我们公司签约。而且，我们公司最近推出了那款新产品，相信你肯定也能做出点业绩来，你不妨尝试一下。这样，在年底评估的时候，你就可以有一份比较有说服力的报告，到那时，我一定会尽力为你争取加薪。

张泽：您说得对，我明白了。行，我先去忙。

老刘跟我说，自从跟张泽聊过之后，张泽的工作积极性明显比之前高了。老刘也表示，只要张泽能够把手里那两个大客户拿下，年底评估之后，就给他加薪。

如果管理者总是和员工讲道理，员工会误以为你是找借口，但如果以讲故事的形式，他听到的是一个完整的故事，会深入思考。你的故事如果能够让员工有代入感，员工就会做出判断，有所领悟，说服他就轻而易举。

☕ 案例分析

张泽想要加薪，老刘觉得张泽并不符合加薪的标准，但是又想留住张泽。

老刘一开始长篇大论、苦口婆心讲道理，实际上对于张泽来说大道理是老刘的托词。张泽不仅听不进去，甚至会影响工作积极性。

张泽提出加薪肯定有原因，如果总是得不到加薪的答复，张泽就会选择辞职。因此，第二次沟通尤为重要。

老刘听取建议，讲了一个故事。不管故事是否真实，故事让张泽将老刘的话听到心里，还引发了思考。老刘讲的故事，有三点引发张泽的思考：

第一，老刘将自己当年向老板提出加薪要求的经验作为主线故事，与张泽产生共鸣：二人都是跟着公司多年，看着公司慢慢壮大的"元老"。

第二，张泽所处的业务岗位可以积攒自己的人脉和资源，但实际上，业务岗位在职场中同样是一个随时可以被人接手、替换的岗位，张泽也有岗位危机感。

第三，老刘说转业务岗后，最终成为公司举足轻重的一员，并且积累了自己的创业财富，这对张泽来说更像一个未来目标。

通过老刘与张泽的对话，我们可以看出，张泽或许不是一个非常优秀的业务员。所以，为了激励他，老刘提出能够让他加薪的方案。

第一次沟通，实际上是张泽提出问题，老刘找借口推托，张泽自然不满，工作积极性有所下降；第二次沟通，张泽继续提出问题，老刘给出张泽解决方案，张泽听完自然心里有谱，而且会提升他的工作积极性。

讲一个能够引起对方共鸣的故事，设定一个比较实际而有意义的工作目标，不着痕迹地拒绝对方现阶段加薪的要求，这就是讲故事的高明之处。

知识点

1.用故事摆事实，通过一个故事，摆明一个事实。让倾听者从故事中作出分析，从而悟出道理。

2.针对对方心理"对症下药"，这就是最后管理者给出的解决方案，提出新的主张，让下属放弃自己的旧主张，从而达到想要的效果。

3.想留住下属，一定要掌握技巧，所讲述的故事尽量使场景、内容、人物设定与对方有关联，让对方快速产生代入感。

下篇　如何讲故事

第六章　好故事的标准

好故事就是能让人听懂的故事

很多人问:"什么是好故事?"

好故事就是能让人听懂的故事。有的人讲的却是一个无效故事。田蕊就有过这样的经历,她认为通过讲故事的方式更容易管理好员工,但是,她的故事讲完之后达不到自己想要的效果。

比如,她为了激励员工,给员工讲的故事如下:

我有一个学姐,她来自山东,大家都知道山东是高考大省,每年有上百万考生,所以能够从山东考入全国一流院校的基本上成绩非常好了。我的那位学姐当年高考是她们市里的文科状元,就是这样的成绩,在山东省排名还没进入前四十。

下篇　如何讲故事

（这一段描述，到底是想说这个学姐很厉害，还是想说这个学姐很一般呢？令人费解。）

这个学姐考入一流院校之后非常努力，她在别人睡觉的时候抱着书本，在别人周末去玩的时候还是抱着书本，其他同学都觉得她太爱读书了。这个学姐在没有丰富的课余生活也没有朋友的情况下，达到了英语专业八级水平。

（这一段描述到底想要表达的是这个学姐的学习能力，还是比较薄弱的社交能力？）

大学毕业后，这个学姐在家中并不富裕的条件下，仍旧坚持考研，因为考研失利，没有成为公费研究生，只能自费读研。自费读研的学费不少，但她还是坚持"学习改变命运"的理念，省吃俭用把研究生读完了。

（这一点也令人感到奇怪，一个家境不好的自费研究生，通过省吃俭用读书，到底是在赞赏学姐哪些优点？）

研究生毕业之后，她进入一家公司，从月薪三千元开始干，通过自己强大的学习能力，一步步晋升，现在她的薪资已经不能用月薪来计算，而是年薪超过五十万元。

（从月薪三千元起，到年薪超过五十万元，或许她想激励员工，但是，员工真的会被激励到吗？）

所以，大家看到没有，一个优秀的人从来不在乎平台，因为她本身就是平台。

（整个故事没有充分体现出这个学姐的优秀，只是突兀地落脚在经过省吃俭用的生活之后终于实现年薪五十万元。）

这个故事从头到尾，没有传递任何能够激励员工的信息。这样的故事，还不如讲道理给员工，至少讲道理直接明了。

什么叫作好故事？

第一，内容简洁清晰，故事中的每个重点都有意义。

第二，抓住要点，切忌喋喋不休地讲一些烦琐且无用的细节。

第三，语言通俗，有感情，生活化，还要有逻辑。

如果非用这个学姐的事迹激励员工，其实可以这么讲：

大学的一个学姐，从高考大省山东考入北京一流院校，作为某市的高考文科状元，她一直保持良好的学习习惯，即便大学期间也一直坚持学习，比起同届同学，她更早地考取了英语专业八级证书。

学姐认识到现代社会本科生的含金量并不高，于是勤工俭学，自费读研。可是，她还是低估了这个现实社会的残酷。没有人脉、没有资源的她进入公司之后，竟然被安排到最基层的岗位，一个月工资只有三千元。

很多人对于研究生毕业之后三千块钱的工作是不会干的，因为大家都觉得三千块钱什么都做不了。

学姐却同意了，因为她看到的不只是目前给的三千块钱，而是这个公司能够给她的一个平台，以及她有足够的自信相信自己能在短时间内晋升、涨薪。果不其然，短短几年，学姐现在的年薪已经超过五十万元。

如果田蕊这么讲述学姐的故事，就不会被提出太多质疑，而且这个故事确实励志。同时告诉员工，不要只看眼前，要把眼光放长远一点，要打开格局，要对自己有信心。

一个好故事讲出来，至少能够触动员工。

案例分析

管理者讲故事时，切忌把自己想要表达的观点一股脑儿地说出来，一是容易形成长篇故事，二是内容太多不容易抓住重点，让倾听者不得要领。

田蕊讲的故事，没突出学姐的特点、优势，很难展现出这个故事想要表达的观点。但稍加改编，就展现出一个具有强大学习能力的女性形象，大大鼓舞了员工。

管理者讲故事时，除了故事内容通俗易懂，故事风格也要注意。

所以，管理者给员工讲故事之前要做好准备，这个准备是需要日积月累的。

讲故事最重要的就是开场白，故事第一段能不能吸引员工的注意力很关键。关于开场白，跟大家建议：

一般来说，如果你幽默感在线，最好使用笑话做开场白，这样能一下子引起倾听者的兴趣和注意。

在开场的时候，最好以"你"或者"你们"开头，能够让倾听者更具代入感。

通过数据开场，例如，"今年毕业的大学生一共有978万，其中"985"和"211"院校毕业学生有374万，所以，你们扪心自问，在招聘市场自己是否有优势？"这段话用数据展现出职场人的焦虑，也对那些想要跳槽的人起到震慑作用。

通过一个问题来做开场白，比如，"你们都知道×××吗？"在成功引起倾听者注意之后，继续往下说，带动倾听者思路。

讲故事时尽量贴近现实，不要总是选用小老鼠、小猫、大雁等小动物的故事，因为你的听众是人，如果你总用小动物的故事去强调团结、创新，则不会引起更多的共鸣。

知识点

1.好故事不能啰唆，啰里啰唆的故事很难让倾听者抓住重点。

2.好故事一定要有逻辑性，且观点分明，如果故事缺乏逻辑，观点混乱不堪，则属于无效故事。

3.讲故事和写文章一样，能否吸引听众继续听下去，第一段尤为重要。

好故事就是让人听完之后产生共鸣的故事

好故事就是让人听完之后产生共鸣的故事，无法与听众产生共鸣的故事都是"自嗨"。

为什么有的公众号文章动辄获得 10 万、100 万的阅读量？因为文章与读者产生了共鸣。好故事也一样，一个能够引起读者共鸣的故事，自然能影响更多听众。

之前，我一直在全球最大的软件公司服务，觉得自己呼风唤雨，无所不能。后来我加入了一家以色列软件公司，希望把这个产品带进中国。放弃了世界 500 强企业高管的高薪，我当时真的有一股"改变世界"的劲儿，也希望所有员工像我一样拥有不知疲惫的创业精神。在一次中国团队的全员大会上，我以故事的方式开始了演讲：

我曾经在全球最著名的软件公司担任总经理这个职位，但是我总觉得那是一份差事、一份工作而已，每天过着循规蹈矩、被条条框框束缚的日子，总觉得平庸。为了像乔布斯一样"改变世界"，我希望能够重新出发。

我非常喜欢乔布斯招聘百事可乐 CEO 约翰的故事，甚至改编了一下"忽悠"我的员工："你们是想过着平庸的日子，还是想要改变世界？"

结果，在我的员工当中，也有"人间清醒"。他听完我的长篇大论之后，把辞呈递到我手中，诚恳地跟我说："我面试时听您说的话，觉得您可能是个骗子，但是经过这几个月的接触我发现，您不是个骗子，您只是有点'单纯'和'理想主义'。您已经在世界500强公司做得很成功了，现在来实现创业的梦想。而我还是希望先到世界500强历练，实现物质基础的基本积累。"

我那时不服气，觉得这个年轻人就是太"俗"了，跟公司价值观不匹配，没有梦想，没有追求。但实际上，过了不到一年，我就觉得我错了，错得太离谱了。创业公司不是仅仅凭借一股热情、一股子冲劲就可以在残酷的商业市场立于不败之地的。市场上各个公司比拼的是产品，是技术，是资金，但最终拼的还是人才。要留得住人才，需要组织的力量，需要员工认可公司的战略，需要让员工看见公司战略的落地进展，同时也要给员工看得见摸得着的回报和反馈，无论是精神上的还是物质上的，无论是职位上的还是收入上的，无论是自身价值上的还是社会地位上的。

正所谓创业者讲究的是情怀，打工者讲究的是利益。这种"自嗨"的故事很难获得员工的理解和共鸣。

在创业公司这两年，我每天睡眠不足四小时，一年飞行超过100次，全年无休，大把大把地掉头发，正常的生活都离我而去……就算这样耗着自己的精力，我把自己感动了，也改变不了市场的残酷。以色列公司的产品与中国市场的需求不匹配。这导致销售员很难找到商机，项目经理难以交付项目，各个职能部门的离职率达到50%，新员工又需要时间熟悉产品。所以，员工、客户、产品陷入死循环。经过两年时间，我得出一个结论，我们需要研发新的产品，或者收购一个符合中国市场的产品。

下篇　如何讲故事

我开始反思，为什么我没有更早地得出这个结论。创业时的努力是应该的，为什么我要炫耀自己的努力？追求梦想是我的选择，我为什么想要证明给别人看？在职场中，我们作为管理者，不能以自我为中心，而要以员工为核心，真正了解他们离职背后的困难和原因，从而重新做好企业的市场定位，打磨产品，吸引人才，建设团队。只有每一个员工都成功，才能换来一个组织的成功。

这个故事赢得了全体员工的热烈掌声，我知道所讲的故事与他们产生了共鸣。作为每一个职场人，无论服务的是世界500强公司，还是创业公司，他们都希望得到管理者的认同，也希望自己在职场中可以不断成长。

这个故事触动了他们，所以在接下来的演讲中，他们听得格外认真。

讲故事最怕无法引发倾听者的共鸣。有一个朋友，是一位非常优秀的企业家。有一次他去一所高校演讲，在台上讲述自己的人生经历，讲述他如何从一名省状元考入了这所国内数一数二的高校，然后成为最早一批公派留学生去美国进入麻省理工学院深造，在学成归来后先进入了外企，之后做到了中国区总裁的位置。

他讲故事的时候，底下的学生一开始认真聆听，最后却只是敷衍点头。

因为，他的故事内容是一个学霸的崛起，是一个天才的顺畅人生。而台下听他演讲的人没有他的运气，他们只是普通的大学生。

他讲完故事，负责这次演讲的公关部门经理问台下的大学生："同学，你觉得演讲效果怎么样？"

学生一脸事不关己的表情："挺好的，这个老板真是个'牛人'。"

公关部门经理叹了口气，他本以为这次演讲能激励学生们好好学习，没想到学生们反倒觉得"人各有命"。

一场演讲也是在讲故事，讲一个与听众产生共鸣的故事，会引发倾听者的思考；讲一个与听众毫无共鸣的故事，还不如说一些道理。

所以，好故事一定是能与倾听者产生共鸣的故事。

案例分析

一个好故事是能让听众感同身受的，当故事中的人物是听众所关心的，听众会边听边思考。

比如，第一个故事中的"我"，面对的是全体员工，讲的是自己如何从世界500强企业高管到创业公司遭遇失败的故事，故事大概产生以下共鸣：

一是职场在不同阶段有不同的追求。

二是创业公司的管理者在追求梦想的路上，创业精神固然重要，但是要尊重市场规律，做好产品定位、技术打磨、组织搭建、员工吸引与激励。

三是管理者要关心员工的进步成长，所有客户满意、技术进步都离不开人才。

所以第一个故事与员工产生了共鸣，反响很好。

企业家朋友演讲的故事显然没有与大学生听众产生任何共鸣。他讲着自己的成就，对于下面坐着的学生，没有任何激励、参考、指导作用，整个故事就是一个"王婆卖瓜，自卖自夸"的过程，没有人喜欢听。

所以，讲故事的人应当明白，听众更愿意和他们喜欢的角色建立联结。一个人所做出的成绩和成就摆在那里，不可能被忽视，但你在获得成就过程中所经历的喜怒哀乐、挫折与失败，才是听众更想听的内容。

知识点

1.故事能否引起共鸣，取决于故事的灵魂，也就是故事所传达的思想精神，你需要把故事讲得让听众有所触动，能为人们带来鼓舞和警示。

2.故事可以是编撰的，但是绝对不能脱离逻辑，故事最好有一个具体的背景，这样听起来更加真实。

3.故事要真实而深刻，善于使用真实的力量，故事才会变得更有意义，具有令人动容的震撼力。

好故事能让人听完之后产生反思

好故事是让倾听者倾听后有所领悟。所谓领悟，就是通过听故事，对自己的言行产生反思。

一个入职公司半年的员工找到我，说想要辞职，问需要办理什么手续。

问其辞职原因，这位员工直述："我们公司部门气氛不好，不加班都感觉不合群。我的朋友推荐我去他们公司，不仅工作氛围好，而且领导管

故事领导力：不会讲故事的领导不是好领导

理也没那么苛刻。"

听完她的辞职缘由，我给她讲了一个真实的故事：

大学毕业后，同学们都进了不同的公司工作。同班女生小易入职一家很知名的公司，说实话，氛围真的很轻松。她对我们炫耀说，公司领导就连上下班打卡都睁一只眼闭一只眼。

因为小易所在的部门并不是这家公司的核心部门，所以，部门领导浑身上下透着"老好人的气质"，小易因此成了大家羡慕的人。按照网上说的，小易的工作就是"钱多事儿少离家近"。更何况还有一个老好人领导，想请假，无论什么理由都批准；任务没有按时完成，她自己接手干完；犯错误了，轻描淡写地报上去，然后一切随缘。

每到年底评估的时候，别的部门都拼业绩，只有小易所在部门一副"佛系"的样子。就这样，小易的领导混到了退休年龄。

小易的领导刚退休，公司就做出了重大调整，整个部门被撤掉。部门员工也根据岗位不同分配到其他部门，由于已经习惯了懒散的工作状态，小易很难适应紧张的工作状态。小易被辞退之后，找了很多工作，最终进入所谓的"互联网大厂"。

小易之后跟我们说，她在这家公司待了几年，才知道什么是真正的好领导，真正的好领导不会放任自己的员工懒散怠工，好领导可以塑造一个员工的职场观，他对员工的影响重大。

我讲完故事，打算辞职的她若有所思，但又下不了决心。

辞职的事情就这么耽搁下来,毕竟公司的薪资和福利也让她犹豫不决。四个月之后,她突然找到我,说她那个朋友所在的公司倒闭了,她特意来感谢我当初对她的挽留。

我笑着说道:"我只是给你讲了个故事,挽留你的是你自己。"

一个好故事能够引起员工的反思,反思之后,他们会做出更加理智的选择。用故事留住下属的关键是下属能不能从故事中反思自己。

对于年轻人来说,最重要的就是找工作,我们再讲一个案例。

我们公司最终面试成功的小高和小林,都是国内知名院校研究生毕业,在学历上并没有什么差别。但是,小高在收到我们的通知时并没有很高兴,因为他的父母觉得考公务员才是正路。

看到他犹豫不决,我问他:"是父母给的压力比较大吗?"

"他们认为工作的薪水不重要,但是一定要稳定。"小高说道。

"毕业生都会遇到这样的问题,我给你讲个故事。"我将师兄老黄的故事讲给他:

我的师兄老黄非常优秀,研究生毕业之后收到了微软公司的录用信,当时另外一位师兄也收到了该公司的录用信,大家为他们办了场庆祝宴。但是,老黄的父母一致认为还是工作稳定最重要。老黄最终听了父母的话,回到了二线城市的老家,进入当地一家老牌企业,另一位师兄则进入了微软公司工作。

老黄说:"微软再好也只是一家公司,虽然现在薪资水平高,但是也要考虑这辈子的事儿;老家的这个企业虽然工资低,但是稳定,工作难度很低，并且福利不错，主要是离家近。"

大家都没说什么，毕竟是他自己的选择。

五六年之后，和老黄同时收到微软公司录用信的师兄已经年薪百万元，而老黄却因为企业经营不善被裁员。早已成家立业有了娃的老黄，在老家企业"混日子"这几年完全忽略了专业知识，如今的他虽然有高学历，但却因为年纪大且知识陈旧，迟迟找不到理想的工作。

当同学聚会的时候，再次谈及老黄，我们无一不感到遗憾。

听完故事，小高表示："我明白您的意思，我再回去和家人商量一下。"

过了几天，小林来公司办理入职手续，小高给我打电话是这样说的："我明白您说的，也认真反思了一下，但是我的父母态度非常强硬，所以，我还是选择不去报到了，谢谢您！"

可见，故事只能引发倾听者的思考，并不能代替倾听者做抉择。

☕ 案例分析

故事能影响倾听者就足以证明，故事是一个好故事。

比如，第一个案例中，员工听完小易的故事，通过反思，放弃辞职。第二个案例中，小高听完老黄的故事后，最终却做出了与讲述者想要结果完全相反的决定。

那么，第二个故事是否算得上有效果的好故事？

只要能够让倾听者反思并影响他的故事都是好故事。但是，不要妄图用故事去改变一个人的选择。因为每个人的选择都由很多因素决定，讲述者的故事或许只是因素之一。

比如，第二个案例里，影响小高做出抉择的还有父母的态度。但是，他能够在听完故事后与父母再次沟通，说明故事对他起到了作用。

上述两个故事的场景都与倾听者面临的选择一样，所以，故事主人公做出的选择以及所遭遇的后果，是倾听者日后或许会经历的。

用故事去引发倾听者的思考，这个故事就是有意义的。

知识点

1.你想让故事引发倾听者的反思，就一定要让故事情节贴近生活，让对方对号入座。

2.故事应该选择与倾听者生活密切相关的细节，要选择与倾听者职业一致或者相近的故事。

3.能够引起倾听者反思的故事一定是让他产生代入感的故事，让倾听者进入故事，更容易引发倾听者思考。

好故事让人听完之后会主动分享

我们看完好文章会直接分享到朋友圈，同样地，好故事也会让人听完会主动分享。

什么才是能够让人主动分享的好故事呢？

老吴是企业管理者，他想要激励员工，想让员工更有进取心，这时候

故事领导力：不会讲故事的领导不是好领导

他准备了一个故事。我们一起来看一下他准备的故事：

艾森豪威尔是美国第三十四任总统，他在还没有成为总统时，特别喜欢跟家里人一起玩纸牌游戏。

一天晚饭之后，他还像往常一样，拿出纸牌和家人一起玩纸牌游戏。不过，今天他的运气可不是很好，每一把牌都非常差，差到让他快发飙了，于是，他不停地抱怨这张牌不好，那张牌不好。

后来，由于牌太差，他使劲将牌扔到桌子上，回到屋子里，全然不顾还在陪他打牌的家人们。他的母亲看着儿子愤怒地离开，想了一会儿就上楼找他。

听到敲门声，还在气头的艾森豪威尔便吼了一句："不要打扰我，我心情不好！"

母亲在门外语气温和地说道："你既然要打牌，就一定要把手中的牌打完，你的牌不管好坏都是你自己抓的。"

他站起身，打开门愤愤不平地说道："我怎么会知道自己抓了一副又一副破牌，那样的牌，您也看到了，根本没办法打下去。"

母亲对他说道："人生就和打牌一样。不管你抓的牌是好是坏，你都必须拿着，都必须面对，你要让浮躁的心情平静下来，然后认真对待，努力把自己的牌打出最好的效果。这样打牌，才能体现出打牌的意义。"

艾森豪威尔从此牢记母亲的话，并且通过这件事激励自己积极进取，就这样，他一步一个脚印地成为美国总统。

看完老吴准备的故事，我提出疑问："你希望你的员工听完这个故事怎么做？"

老吴想了想，说道："一方面，希望他们听完故事对自己的现状作出反思，在工作中更积极进取；另一方面，希望他们能够和身边的人分享这个故事，比如分享到朋友圈。你觉得呢？"

我坦诚地表达自己的观点："其一，这个故事并没有呈现出主人公积极进取的一面；其二，这个人物的身份离你所面对的听众太遥远了。"

"这个故事是我选了很久的，很有意义。"老吴说，然后停顿了一下，再看看自己准备的故事："实在不知道该讲一个什么样的故事。"

于是，我给他即兴编撰了一个故事：

在我任职学校讲师时，有两个学生，一个叫李薇，另一个叫张朵，这两个女孩子住在同一个宿舍。大三的时候，两个人决定一起考研。

张朵觉得现在离大四考研还有整整一年时间，不着急。而且想到以后考研学习任务重，没有时间玩，她决定在大三上半年假期时安排一下自己的出行计划，等到下半年再学习，毕竟考研是大四上半年的事情。而且大三上半年参加交友活动，张朵还认识了一个比较心仪的男生，从而规划了一下寒暑假的游玩行程。这样不知不觉就玩到了大四，大四一开学，张朵才想起来，自己要准备考研。

李薇则在决定考研时就着手准备，买书、准备资料，放学后去自习室学习，晚上学到九点十点才回宿舍。从大三刚开学一直到大四开学，李薇一直坚持这样的学习力度和学习状态。

故事领导力：不会讲故事的领导不是好领导

时间很快就到了十一月，这时候一个"坏消息"传来。本次她们要报考的研究生专业原计划招收 20 人一下子砍半缩招，仅招收 10 人。张朵想了想，觉得自己没有希望，索性放弃了。

李薇则在原来学习力度的基础上，将每天的睡眠时间由 7 小时压缩到了 5 小时。

功夫不负苦心人，李薇成功地考上了研究生。大学毕业后，张朵找到了一份普通工作，此时李薇还在学校里靠打工赚生活费继续自己的学业。两个同宿舍女孩的差距慢慢拉开。

张朵庆幸自己当年没有考研，而李薇在实习的时候，选的是一家能学到更多技能的企业。实习结束后，李薇收到了一家世界 500 强公司的录用信，但是这家公司在离李薇所在城市一千五百公里之外的一线城市。张朵劝李薇放弃，但是李薇二话不说，直接飞到了那座城市。

三年时光很快就过去了，如今的张朵依旧在原公司混日子，但是李薇已经成为部门主管。

当初，两个人一起准备考研，张朵最积极，但放弃最快的也是她。而不声不响考研的李薇，却一直凭借着一股"冲"劲，成就了最好的自己。

你知道吗？真正有进取行动的只有 2% 的人，当你害怕、纠结、犹豫、患得患失的时候，人家已经走了很远了，领先你很多了。很多人都把上进当成一次投机，刻苦学习几天，就想考上名校，努力一个月，就想成为行业"大牛"。

实际上，获得好成绩是一个日积月累的过程，希望你们也能保持进取心。

这个故事也许并不完美,但是相比于老吴准备的故事,员工更愿意听到这样贴近生活的故事。

☕ **案例分析**

讲故事时,最忌讲一些与实际生活毫不相关的故事,这样的故事无法让倾听者共情。比如,第一个故事里,艾森豪威尔这个人物本来就不是一个能够激励普通人的故事主角。

首先,这个人物具有特定性,出身、经历比较特殊,作为出身优渥又任职过美国总统的人,这样的人物无论如何"励志",都很难激励普通人。

其次,他在打牌过程中只表现出他脾气不好,根本没有突出他的进取心和行动。

最后,这个故事是互联网上常见的,因此,倾听者对于这个故事的兴趣不大,更不用说会转发分享。

再来看第二个故事:

第二个故事里,以第一人称"我"的亲身经历切入,以第一视角去阐述,站在同一起跑线的两个女生,最终收获了不同的人生。虽然这个故事并没有多精彩,但两个故事一对比,倾听者还是喜欢第二个故事。

第二个故事里,容易吸引倾听者的原因在于矛盾处处都在。两个主人公,大学毕业后几年的境遇令人唏嘘。

听故事的员工们,其中不乏在言语上积极、行动上懒散的人。所以,故事能让一些员工自我反思。

与故事产生共鸣的员工,通常会把这个故事或自己的感悟分享在朋友圈。正因为是切身感受,所以才被故事感动。

📖 知识点

1.能够被主动转发分享的故事,是能够感动倾听者的故事,故事内容与倾听者有着千丝万缕的联系。

2.具有感召力的故事都具有强大的故事记忆力。简单地说,就是通过对故事的记忆,将自己对故事的理解、对人生的理解一并发送到自己的内心。

3.能够被主动分享的故事,一定是具有浓厚感情的故事,故事令人动容的同时还具有深刻意义,引发倾听者主动分享。

第七章　搭建好的故事框架

虚实相间的故事更吸引人

虚实相间的故事，是指故事里有虚有实。

公司让我动员年轻人报名公司与某英语机构合作的英语学习班，但是，年轻人并不愿意抽出自己宝贵的闲暇时间去上英语班。动员大会上，我决定通过故事动员员工：

我有一个同届不同系的同学，叫李晓慧。在我们步入职场第六年的同学聚会上，同学李烨突然聊起来："你们知道李晓慧吗？"

李烨挑挑眉，用神秘的口吻说道："你们知道她在哪家公司工作吗？"

毕业六年，大家只记得李晓慧在一家广告公司工作。

但是李烨摇摇头："李晓慧现在在一家世界500强企业任要职呢！"

这时候，我们的讨论重点都放在了李晓慧身上。她是一个从三线城市考入一线城市重点院校的女孩子，长相平平，性格文静。这个女孩子当初除每天泡在自习室让我们惊讶外，还有就是大学四年所有的学费、生活费、住宿费都是自己挣来的。

毕业后，李晓慧进入了一家广告公司，因为英语能力出色，被直属部门经理带着跳槽到了业内一家 4A 跨国广告公司。

跨国公司最不缺的就是英语流利的员工，所以，在新公司李晓慧翻译的优势则无法彰显。之后，一个全球 500 强企业和这家广告公司合作时，发过来三百多页英语资料，在短时间内，公司一些优秀的英语人才、设计人才囫囵吞枣一样读了资料，提出了方案。而李晓慧却在同样的时间内细读材料，并且设计出让对方公司满意的方案。

李晓慧就这样被这家全球 500 强企业直接挖走，担任了他们所在区域品牌总监，前途无量。

聚会中，大家不仅羡慕李晓慧事业风生水起，也感慨参加英语培训真的很贵。

故事讲到这里就结束了，故事确实动员了一些员工积极报名参加英语班。

在这个故事中，大家是否发现了其中的虚实各是哪一部分？

案例分析

在故事的开头，"我"参加同学会，有一个名叫李晓慧的同学，这一点是"写实"。

李晓慧大学时期的努力，包括为自己挣生活费用，是"写实"部分。

之后，李晓慧的职场之路，整个都存在"虚写"嫌疑。正如参加同学会的同学与李晓慧都不熟悉，如何清楚她的职场之路？最多知道目前她在世界500强公司工作。

整个故事为了体现英语优秀的人能够获得更多机会，实现更好发展，只要达到这个目的，虚实的比例并不影响整体效果。

为什么故事一定要有实有虚？

因为故事本身就是对现实生活的艺术创作，如果都"写实"，故事读起来会无趣，甚至平淡无奇；如果都"虚写"，完全编撰出来的故事会缺少真实感。

所以，好故事都需要不同比例的虚实内容。

知识点

1. 好故事要实现两个目标，一个是直截了当，让听众一听就明白的目标；另一个是隐藏在故事中，由听众领悟出来的目标。

2. 虚实相间的故事更有趣，更引人注意。如果完全是实，故事效果不好。完全写实的故事有可能缺乏矛盾、缺乏高潮、缺乏对比。

3. 在虚实相间的故事中，不必对虚实所占比例刻意安排，只需更好地呈现故事即可。

听得懂明线，悟得出暗线

好故事是由一条明线引着倾听者去听，但是，其中又有一条暗线牵着倾听者的感情。

一位朋友要去学校演讲，他想以故事的形式完成这次演讲。演讲的目的是激励学生，他请求我帮忙写一篇演讲的初稿，内容就是自己的读书历程：

我上小学之前，那时候还没有幼儿园，只是单位的托儿所。托儿所是不教任何学习内容的，每天就是吃饭、玩耍、睡觉。当时已经是初中生的姐姐是我的第一个老师。

我上一年级时，我的姐姐已经考上高中，她是个极其爱惜书本的人，所以她的课本都非常新。我上小学时就看姐姐的语文、历史、地理等我看得懂的课本。另外，父母给姐姐订了很多期刊，中学的语文、数学、物理、生物、历史、地理等，她不看时就摆在架子上，我没事儿就翻看消遣时间。

虽然父母没有强制我读书，但是我却是从小就有读书的兴趣，而且读了家里很多书。

初中之后，我很喜欢历史、地理、生物三门学科，那时候我这三门学科每次考试都能得满分。当然其他科目的成绩也很不错，所以才能考入我所在省的重点高中。

上了高中，眼界宽了些，在省重点中学的图书馆，我看了很多家里没有的书。比如，哲学类的，我试图读黑格尔的作品，但遗憾的是，我不仅没有读懂，而且实在看不下去。

高中三年，我像很多高三学生一样埋头进入课本的世界、习题的海洋。

三年的拼搏让我考入了国内的知名大学，遗憾的是，我的成绩不足以让我报考所喜欢的生物学，只能被调剂到我毫无接触的心理学。

但是在学习过程中，我爱上了心理学，因为大学图书馆里那些心理类的书籍让我爱不释手。虽然那时候谁都不清楚学心理学毕业后能干什么，但是我的父母还是很支持我。

毕业后走上职场，我所学的心理学专业带给我的优势不可言喻。大家都说"察言观色"，对于我来说，更是通过专业的心理学知识对我所接触的每一个人"察言观色"。包括我后来辞职创业，在艰辛的创业路上，心理学知识让我能够更好地处理与公司员工的关系，处理与客户的关系。

这个初稿经过精心打磨后，又添加了很多专业带给他的"好处"与"益处"，使他在高校演讲时，赢得了同学们如雷鸣般的掌声。据说，演讲结束后很多学生有不同的感受。尤其是在选择大学专业时没有读到心仪专业的同学，听了演讲颇受激励。

好的故事由明线和暗线串联而成，你能分出来吗？

☕ 案例分析

或许有读者看不出这个故事的明线暗线，我们来分析一下：

明线就是对小学、中学、高中时代学习的描写，小学、初中、高中的学习经历是故事发展的脉络。

暗线就是在整个故事中隐藏"他"热爱阅读的部分，学习优秀的他因为大量阅读，保持一些科目成绩优异。

再往后，明线是学习时并不清楚学心理学能从事什么工作。暗线则是在说在其他工作岗位上，心理学能够起到非常大的作用，侧面描述了心理学的作用。

我们学习语文时，就强调明线和暗线的作用，分析一篇课文时要将明线和暗线找出来。讲故事亦如此。明线是带着读者阅读这个故事，暗线则是这个故事所隐藏的情感。

所以，每个故事都有明线和暗线，明线串联故事，暗线引人深思，如果缺一，故事听起来会比较枯燥无趣。所以，明线暗线相交，故事才能更加丰满、动人。

📖 知识点

1.明线，指的是故事的叙述线，这条线的主要目的是帮助倾听者理解故事情节的发展。

2.暗线，一是指故事中人物心理的变化，二是指故事主人公思维上的改变，三是指围绕明线的感情线。总之，暗线是补充主线内容、补充主线感情的一条或多条线。

3.一个故事如果只有主线会因为缺乏感情而不能触动听众,一个故事也不可能只有暗线。故事主线是树干,暗线是树枝,所以讲述者在讲故事的时候一定要在故事主线明确的基础上运用暗线,故事才不会显得苍白,从而调动起听众的情绪感受。

主线清晰,辅线形散神聚

受朋友邀约,我将去一所大学给即将毕业的大学生做一场以"选择工作方向"为主题的演讲。

对大学生演讲,道理太多,他们反而听不进去。而且,选择工作是需要衡量自身条件之后再作出抉择。因此,那次演讲,我另辟蹊径,讲一讲"到底是找自己喜欢的工作,还是找传统意义上的好工作",以此让这些即将步入职场的毕业生自己思考、自己选择。

演讲中讲了一个故事:

我有一个小师妹,非常优秀,当时她在国内读本科,之后又被父母逼着考上了英国顶尖学府学习国际贸易。但是,小师妹并不喜欢自己所学的专业,也不喜欢国外的生活。

仅在英国学习了一年,小师妹竟然悄无声息地办了休学,回到国内,进入一家在居民楼里的编剧行业的创业公司。

她做出这样的选择,父母无法说服她,只能由着她。父母心想等到她

故事领导力：不会讲故事的领导不是好领导

意识到自己的错误，自然会回家继承家产。

谁料，小师妹跟着创业公司一起努力了两年，公司成长速度很快，她的成长速度也很快。以前也只写一些小剧本，自娱自乐，之后竟然写出了令制片方一掷千金的好剧本。

有人或许会说，她之所以敢这么选择，是因为她有退路。

错，她之所以做出这个选择，是因为她真的热爱编剧这个行业。

当然，她也有这方面的才华，最终才能写出被搬上大荧幕的剧本。

我当时没有这样的勇气，所以辞去别人眼中的"好工作"之后，找了一家相对来说规模尚可的企业。父母得知我辞职了很生气。不过，慢慢地，他们看到我对待新工作的状态，也就妥协了。

父母之所以会插手孩子选择工作这件事，也是希望孩子能够生活得更好，如果不能说服，只能妥协。

在这次演讲中，我明确地说出了自己的观点。

在演讲中，我还讲了另外几个与职业选择相关的故事：

已经过关斩将通过终极面试，却因为父母原因，最终选择去街道办的小高；

喜欢写作却不得不在银行当柜员的小野，最终因为患了抑郁症辞职待在家中；

考上公务员的小林，最终过上了自己想要的生活；

在外漂泊的琴琴在自己二十九岁的时候，选择放弃一线城市回到家乡。

所有的故事都围绕主题进行。

一条主线，就是选择自己喜欢的工作，辅线故事比较多，都为了论证"工作由心而选"才不会后悔。

演讲稿中的故事不能有多个观点，需要观点一致。抛出的题目可以带有选择性，但是演讲的目的只有一个。就像小说一样，小说主线只有一条，辅线有很多条。主线明确，辅线不散，这本小说读起来才更加有趣，更吸引人。

案例分析

故事的主线和辅线，就像一棵生长茂盛的大树，树干上长着不同的树枝。

分析一下案例：

大树是看起来没有倾向性的主题，面对工作"你是选择稳定还是选择快乐"？这是需要倾听者自己选择的，但是，在主线下的数支辅线却都在阐述"找工作还是要找自己喜欢的"，每一根树枝都在表达"选择快乐的工作会让你快乐"。

实际上，演讲的目的在于告诉大学生，趁着自己年轻一定要做一些自己喜欢的工作。因为喜欢一份工作，才能在工作中付出最大的热情。有了对工作的热情，才能在工作岗位上更好地发挥自己的能力。

当你的能力在职场上得到充分发挥时，你就能慢慢地成长、晋升。围绕这个设定将辅线故事一一补充进去，最终使整个演讲看起来内容丰满，主题专一。

好的故事需要主线明确，也需要有无数条辅线顺着主线表达自己的态度、建议。

📖 知识点

1. 辅线的作用是表达自己的真实态度，尤其是对于争议性很大的主题，讲述者在主线上不做任何情绪引导，但在辅线上下功夫，表达出态度。

2. 倾听者有自己的判断，所以，讲述者只需要把故事讲好，激发倾听者的思考。

3. 好故事需要屡次修改，做到细节不乱，主线辅线分工明确。好故事需要精打细磨，使辅线紧紧围绕主线。

以终为始，有的放矢

一个故事沙龙有一个很有趣的环节。两个刚刚认识的人通过给彼此讲的故事来判断各自的性格。

第一组，小甲给小易讲了这样一个故事：

从前有一个农民，他养了一头牛、一匹马、一只狗、一头猪，还有一只鸡。这个农民有一个房子，有一天他在门口跟邻居炫耀说："你说我的房子这么大，太空了，怎么办？"

邻居看着他说道："你可以让你的鸡进屋里陪着你。"

农民将鸡放到屋子里，又跟邻居说："小鸡太小了，房子还是看着那么大。"

邻居说："你可以把你的狗放进去。"

农民将狗放进去，仍然觉得房子很大，就这样，他把一头牛、一匹马、一只狗、一头猪和一只鸡都放进了屋子。

过了一会儿，农民跑出来跟他的邻居说："完了完了，我的大房子没了，现在我连睡觉的地方都没了。"

邻居说："你可以把鸡抱出来。"

就这样，农民先把鸡抱出来，又把狗轰出来，紧接着又将猪拉了出来，最后把马赶了出来，把牛牵了出来。

邻居问他："你的房子现在怎么样了？"

农民很高兴地说："简直太棒了，不大不小，正合我意。"

小甲把故事讲完，由小易来判断小甲的性格。

小易对小甲的判断是："一个略微有'强迫症'的人，或者性格上比较'固执'的人。"

听完小易的判断，小甲很不开心地说："我的故事难道没有体现出我机灵、幽默吗？"

其实，不只是小易，当时听故事的很多人举手表示：这个故事真的很无趣。完全是一个流水账，所以，这样的故事不可能吸引人。

那么什么样的故事吸引人呢？

用小甲的故事能否改编成为有趣的故事呢？

其实可以在小甲所讲述的故事中间再加上一段：

家里的牛、马、猪、狗、鸡都被放到了屋子里，这时候，狗追着鸡满屋子跑，猪拱开了放食物的箱子使劲地吃，马用自己的蹄子踢坏了家具，牛啃着农民家里的桌子和椅子。

想象着生动的画面，别说故事里的农民，就是听故事的人都觉得这个屋子已经满了，没有能够让人休息的地方了。

结尾为了展现出画面感，也要加上一段：

所有的动物都被轰出了屋子，屋子里瞬间安静下来，农民惬意地坐在自己的沙发上，透过窗户看到：鸡正在悠闲地捉着地上的虫子，狗趴在地上晒着太阳，猪在猪圈里躲避阳光，马慢悠悠地吃着马槽里的草，牛闭上铜铃大的眼睛正在休息。

整个画面安静下来。

故事开始的画面就是安静的，每个家畜都在按部就班地活动着，是农民非要将它们一个个放进屋，之后又厌烦它们的闹腾。每一个好故事的结局，实际上又是另一个故事的开始。

案例分析

通过一个故事来判断一个人的性格，有时会出现偏差。

不会讲故事的人所讲的故事和自己想要表达的意思不同，小甲的故事的确如同流水账，小易根据"一次次放进、放出院子里的牲畜"判断出小甲是个固执的人。

实际上，小甲想用这个故事表达自己幽默的一面。

一个人嫌自己住的房子太大了，然后把院子里的动物一一放进房子里。当动物都进入房子之后，他又嫌弃自己的房子太挤了。整体表现的是一幅有趣的画面，但是小甲流水账一般的叙述使整个故事缺乏趣味。

大家有没有发现小甲的故事是重复的，就像是"从前有座庙，庙里有个老和尚，老和尚在给小和尚讲故事。老和尚讲的什么故事呢？从前有座庙，庙里有个老和尚……"

这是以终为始最直白简单的例子。

一个好故事，在故事的结尾处能够达到以终为始的效果最好。当然，故事过程也很重要，比如细节描写，能够使文字在倾听者脑海里产生画面感。

讲述者不要因为不会讲故事让倾听者对你产生错误的认识。讲述者的故事没有达到目的，并非倾听者听不懂，而是讲述者的故事没有讲明白、讲清楚、讲到位。

故事领导力：不会讲故事的领导不是好领导

📖 知识点

1.故事的核心是它所体现的中心思想，以及所代表的价值观，所以，故事不是文字游戏，而是需要展现其"灵魂"。

2.讲故事时也要注意语气和肢体动作，要充分地向倾听者表达出这个故事的目的，通过故事的外在表现形式体现出故事的精彩。

3.好故事不会让倾听者产生歧义，或者让倾听者听不懂。好故事应该有血有肉，目的是心脏，构思是骨架，素材是血肉。

第八章　把握技巧张口讲出好故事

学会对故事进行剖析

开篇先讲一个故事：

阿宏是一位创业者，作为创业者最需要的是资金，因此，他希望通过自己的演讲，获取天使投资人的青睐，从而拿到创业投资。

经过长时间的准备，阿宏终于获得了一次与一位知名投资人的见面机会，但是，这个投资人实在是太忙，只给他5分钟时间。

5分钟能否打动投资人，对于阿宏来说非常重要。在阿宏的演讲稿中，他想要在5分钟内传达给投资人的信息很多，其中包括自己求学之路的艰辛，自己追求创业理想的坚持，自己规划的蓝图的宏伟等。

阿宏写完演讲稿，发给了一个成功拿到多轮投资的朋友。

朋友对他的建议是："你所有的经历与设想都是你自己的事情，与投资人无关，建议你的演讲稿以产品为主，告诉投资人你的产品具有怎样的价值，能够给他带来怎样的利益。"

阿宏听后觉得朋友说的不对，他坚持用自己的故事打动投资人。他的朋友再次提出"演讲稿太长，全部说完肯定超过 5 分钟"。阿宏不以为然，觉得只要自己语速快一点，就可以说完整个演讲稿。

结果，投资人在听他演讲到 2 分钟时，就被他模糊的语速惊呆。投资人虽然坐在他面前，但很难听得进他的演讲。

最后，投资人直接表态，不给阿宏机会。

讲故事如果没有任何效果，又有时间限制，还是要斟酌。比如，阿宏只有短短 5 分钟，应该舍弃那些冗长无意义的叙述，将以下三点传达给投资人：

第一，我是谁、我有什么优势、我的价值在哪里。

第二，我的产品/品牌是什么、为什么会选择做这样的产品/品牌。

第三，我在创业过程中有什么贡献/资源、我的目标和计划是什么。

在短短 5 分钟内，阿宏需要把投资人想要的信息清清楚楚地讲明白。切记，不要为了讲故事而讲故事，要学会剖析故事。

☕ 案例分析

剖析故事的重点是剖析故事核心组成部分，想要把故事剖析清楚，应该注重以下几点：

从结构方面来看，故事包括开头、中间和结尾。

从要素方面来看，包括人物、挑战、过程、决断、变化以及行动号召。

从可信度方面来看，展现出真情实感，引起共鸣。

从策略方面来看，激发听众思考，从而促使听众采取行动。

根据以上要素，就可以把故事剖析清楚，将要点、重点划出来，将不必要的去掉，最终去繁留简，形成一个完整的故事。

故事不管以何种形式出现，只要能够传达出讲述者的目的，就是一个好故事。

正如艾伦·韦斯在他的著作《成为百万美元咨询师》中所指出的那样："逻辑使人思考，情感使人行动。"我们在面对许多表面上相似的选择时尤其如此。对故事进行剖析时，"跟着感觉走"是一种不错的建议，只要你的情感符合某种事实或经验。

"跟着感觉走"虽然可以，但也要分场合、分故事。总之，撰写完故事，不要急着去讲，而是要剖析故事，把其中毫无意义却占篇幅的部分砍去，留下精彩的部分讲给倾听者。

知识点

1.学会剖析故事，不是说每一个故事都要去剖析，而是对于篇幅较长、想要表达的内容太多的故事进行细致的剖析，去繁留简。

2.所讲故事与传达的情感有共同的关联，你需要借故事内容，运用情感影响倾听者。

3.讲故事，因为会有篇幅要求，毕竟故事太冗长会令人乏味，所以，只要故事能够有效传达你的用意，就不必在意篇幅大小。

增强代入感，把控故事分寸

具有代入感的故事，使倾听者有如身临其境。

一位企业家要给某职业高中新生做一场演讲，我们分别来看一下两种截然不同的演讲稿。

版本一：这位演讲嘉宾是国内顶尖大学研究生毕业。

我在小学时期，就已经阅读大量书籍，然后进入了市重点中学，省重点高中，高考的时候以市理科状元的成绩考入清华大学。之后，我在大学里勤奋学习，大四的时候我被保送研究生，这时候，我的人生有了一次选择，那就是继续在清华大学读研还是去麻省理工学院深造，这对我来说非常苦恼。

最终，我做出了令人惊讶的决定，我选择继续在清华大学读研。研究生毕业后……

版本二：这位嘉宾同样是国内顶尖大学研究生毕业。

我一直不是家长和老师眼中的好孩子，小学时，站在楼道的时间要多于在教室听课的时间。后来，勉强考上了一所不错的初中，却被老师嫌弃。很多人对于我能考入不错的初中，都认为是"运气挺好"。但是，这份运气并没有伴随我很久。中考后，我没有学上了。

我哭、我闹，但父母告诉我："咱们家条件就这样，一年十几万元学费的私立高中上不起。你自己初中时不好好学习，那没办法了。再说行行出状元，你以后能赚钱养得起自己就行了。"

我抱着破罐子破摔的想法进入职业高中，当我真的坐在那个教室里的时候，我想，我的人生不能这样。我如果不为自己的未来拼一把，没有人帮得了我。

所以，职业高中那几年，别人在玩，我在学习，拼了命地学习。我知道，学习不是为了别的，为的是自己。而且，职业高中学生也可以参加高考，功夫不负苦心人，我成为那一届唯一一个从职业高中考入清华大学的学生。

我知道，现在的你们就好比当时的我。对于大家来说，到底应该抱着怎样的态度去读书，我的经历可以给你们一个参考。

其实，第一个版本的讲述，别说职业高中新生听不进去，就连普通大学生也听不进去。这样"炫耀"痕迹太重的演讲，对于倾听者而言毫无意义。

但是，第二个版本就不一样，演讲者的演讲很容易让台下的倾听者产生代入感。第一点，演讲者与倾听者，同样是中考成绩达不到高中分数线，经历了迷茫无助，不得不选择职业高中；第二点，演讲者与倾听者都存在"该如何面对职业高中的三年"的问题，面对心安理得地接受结果还是奋力一搏的选择问题。所以，在他讲述的时候，很多新生能够快速产生代入感。毋庸置疑，这场演讲取得了非常好的效果。

☕ 案例分析

代入感就是倾听者将自己当作故事中的人物。

比如，一位在婚姻里遭遇不幸的女性，很容易把自己代入有婚姻矛盾、家庭矛盾的剧情中。工作不顺利的人很容易将自己代入职场中下属惨遭上级压迫的剧情中。

每个人都有多面性，比如，一个结婚生育的女人，身份是孩子的妈妈、丈夫的妻子、父母的女儿、公婆的儿媳，如果是职场妈妈，还多一个职场人的身份。所以，她很容易在多种故事场景中产生代入感。

此外，故事中一定要有一个反面人物，并非十恶不赦的反派，而是在某种程度上的"坏人"。

比如，总喜欢在外面说儿媳妇不好的婆婆或总是想办法克扣员工奖金的老板，他们就是整个故事里的反面人物。这些反面人物的出现，能够使听故事的人瞬间产生代入感。

想要倾听者听故事时有更强的代入感，一定要把握好分寸。

📖 知识点

1.代入感不是产生共鸣，而是比产生共鸣更能让倾听者深入故事。故事中所塑造的人物与倾听者之间有某种深刻的联系，这种联系就是让倾听者代入故事的介质。

2.一个具有代入感的故事能让倾听者在倾听故事的同时产生"我也是""我就是"的认同感。而取材于现实生活的故事更容易激发倾听者的认同感。

3.故事里出现的人物一定要有辨识度，只有具有辨识度才能让人物活灵活现，使倾听者把故事里的人物与自己关联起来，增强代入感。

对话要起到画龙点睛的作用

故事里的对话往往会起到画龙点睛的作用。

我们先来看一个有趣的故事：

有一个秀才去买柴，他对卖柴的人说："荷薪者过来。"

卖柴的人听不懂"荷薪者"（担柴的人）三个字，但是听得懂"过来"两个字，于是把柴担到秀才前面。

秀才问他："其价如何？"

卖柴的人听不太懂这句话，但是听得懂"价"这个字，于是就告诉秀才价钱。

秀才接着说："外实而内虚，烟多而焰少，请损之（你的木材外表是干的，里头却是湿的，燃烧起来，会浓烟多而火焰小，请减些价钱吧)。"

卖柴的人听不懂秀才的话，于是担着柴就走了。

对话的重要性体现在讲故事上，就是讲述者的话倾听者要听得懂、没有歧义。因为讲故事的时候倾听者看不到文字，只能通过听来判断。

一个在大企业负责人事管理的朋友，吐槽现在的"95后"员工不好管理，动不动就辞职，导致每次跟员工沟通时都有很大的心理压力。

如何跟"95后"员工沟通，这里有一个故事：

吴欣很会说话，她在公司专门负责人事工作。有一次，跟她聊得来的"95后"员工小王跟她说："我要辞职，我要离开这个破公司。"

吴欣赶紧说道："我举双手赞成你报复，给公司一点颜色看看。不过，我觉得现在不是最好的时机。"

小王一听，赶紧问道："为什么？"

吴欣说："你想，现在你走，公司的损失并不大，你这叫什么报复，你应该赶紧成为公司不可替代、独当一面的人物，到时候你再辞职，你对公司的打击才是最大的，这才叫报复。"

小王一听赶忙说道："不愧是搞人事的，听你的。"

半年之后，吴欣提前知道小王可能会晋升，于是故意找到小王："你现在可以辞职了，现在辞职一定是对公司最大的报复。"

小王摇摇头："我不打算辞职了，你知道吗？老总刚跟我谈过，准备提升我为总经理助理，我暂时没有辞职的想法。"

吴欣笑着点点头，说道："你真厉害，行，听你的。"

这个故事里的对话很有趣，作为人事负责人，吴欣举双手赞成小王辞职，但又用借口留住他。最后，因为职务晋升，小王自己都不再提辞职一事。

朋友听了之后，认为自己也应该换个方式和动不动就辞职的"95后"员工沟通。

对话在故事里要起到画龙点睛的作用，但并不是所有的故事都需要对话。

案例分析

故事中经常要用到对话，对话如果不精简，就会让人觉得多余。所以，故事中要写出画龙点睛的对话，可以侧重以下几点：

平铺直叙的故事中加入对话，对话作为故事的高潮部分出现。

故事里的有效对话要能够更好地推动故事走向。

故事中的对话是必须存在的对话，而不是删减之后不影响故事整体内容的对话。简而言之，是对故事起决定性作用的对话。

对话要能够体现故事中人物性格特征，营造故事氛围。

一般来说，讲故事的时候，对话出现得比较少。因为在讲故事的过程中没有文字提示，很容易把对话内容直接当成叙述内容。

如果故事中必须有对话，对话就要起到画龙点睛的作用。

📖 知识点

1. 对话能够体现人物身份、性格，塑造人物形象，是故事中最常用的一种技巧。人们通过对话，可以表达观点，引发争论，达成共识。

2. 把对话引入故事叙述中，意味着叙述的视角发生了变化。

3. 讲故事时，加入对话，配合不同的语调、语气，能使故事更好听、更有活力、更有激情、更具画面感。

把故事讲得栩栩如生才能深入人心

把故事讲得栩栩如生才能深入人心，什么才是深入人心的故事？

能够引发倾听者思考的故事，就是深入人心的故事。

我之前应邀参加一个活动，讨论的主题是"应该留在一线城市还是回到老家"。主题很受"漂"在一线城市的年轻人关注。

我思考再三，还是以讲故事的方式为这些参加活动的年轻人提出建议，在整个发言过程中，我讲了两个故事。

第一个故事：

当阿城说要离开这座城市时，我比较惊讶，因为他在这座城市看起来"混"得还不错。但是，阿城却对我说："和不认识的人租房子，总是被迫换房子，每天外卖吃到想吐，不工作的时候只能窝在狭窄的出租屋打游戏。"

这些情况是一直以来都存在的，阿城说自己一直有回老家的想法。直到有一天，陪客户的饭局上，他无奈喝了很多酒。快要结束的时候，他偷偷躲到厕所催吐。正好撞见一同陪客户的同事进来，问他，干吗要吐？

阿城笑说，喝酒上脸了而已。其实，他是想要保持清醒的状态。他必须记得回去的路，他必须一个个去按楼道里的灯，他要确保钥匙能打开房门。他害怕自己一不小心就倒在了路上，没有人关心……

回老家的阿城过得好吗？

回老家之后，阿城找了一份骑车十五分钟就到家的工作，每天早饭、午饭、晚饭都能回家吃。和父母每天聚在一起聊天、谈工作、吃饭。工资不高，消费也不高。目前阿城正在和女朋友商量结婚事宜。

阿城说："年轻时想不明白，总觉得不留在大城市就是没有上进心，现在成家立业了，发现生活是多样的，活得自在最重要。离开那座城市，我发现我的生活更简单、安稳了。"

第二个故事：

小陈一直想开家咖啡馆，在这座一线城市打拼多年，攒下十万块钱积蓄。

然而，想要在这座城市开一家咖啡馆，十万块钱连半年房租都不够。无奈之下，小陈带着自己的积蓄回到了陕西一座三线城市。

如今，小陈已经开了三家咖啡馆，而且在那座城市小有名气。

小陈对自己的选择总结出一句话："在北京，梦想就是梦，回来之后，梦想才是梦想。"

有些梦想既然在大城市没有实现的可能，就不要将青春耗在大城市不属于自己的繁华中。

故事虽然简单，但是讲述者需要把故事讲得栩栩如生，让倾听者感同身受，吸引倾听者，让他们产生代入感，从而打动他们。

案例分析

栩栩如生的故事更深入人心。

首先，故事需要一个能够引起关注的主题。

其次，故事需要具有真实性，能够产生代入感。

最后，在讲述故事时，需要声情并茂。

深入人心的故事是能够剥开层层表象，看到倾听者需求本质的故事。

在讲故事时，只要找到对方的真实需求，就能讲出深入人心的故事。

知识点

1.讲故事时，一定要弄清楚倾听者的核心需求，像剥洋葱一样，层层剥开表相找到核心需求，你的故事就能讲到对方心里。

2.故事一定要有人情味，要体现人性，要有正能量。你的故事能够触及人性，就更容易影响你的倾听者。

3.倾听者如果对你所讲的故事感兴趣，会出现画面感，所谓栩栩如生的故事，就是具有强烈画面感的故事。

故事本身需要带有情绪

故事本身需要带有情绪，没有情绪的故事缺乏感染力。

很多成功创业者都会到一些高校或者特定的场合进行演讲，我听过很多场创业者演讲，令我印象深刻且觉得精彩的分享给大家：

我曾经的工作被称为"铁饭碗"，这个"铁饭碗"有多铁呢？每天工作半天时间，月入大概两万元，有大把的时间做着自己喜欢的事情。重点是，我所负责的报纸板块是一个很轻松的板块，根本不忙。工作稳定、轻松且高薪，这是我对我曾经的工作一个最客观的评价。

即使这样的工作，我最终还是选择了辞职。

或许很多人对此有如下看法：这个女人是不是傻！

我的父母在听说我辞职的消息后狠狠地斥责了我。不知道你们是否经历过那种场景，我透过电话都能感受到我妈那种恨铁不成钢的悲痛和"朽木不可雕也"的无奈，以及对我未来的担忧。她甚至觉得我辞去了这么好的工作，我的爱人随时会跟我离婚。

所以，她那时候基本上一天不停地打电话问我："你到底为什么辞职？"

但是，我所说的辞职理由她无法理解。

我辞职也并非没有任何缘由。之前一个聊得很好的同事，两年前就辞职了，辞职之后去了一家电商公司。我当时和我妈的想法一样："你放下一个'铁饭碗'，去端一个纸糊的饭碗，你是不是傻？"

但是，我看到了她的成长。

一开始，她因为英语不好拼命地学习英语；刚进入公司时连什么是产品都不知道，用了三个月时间掌握了所有概念。当我辞职的时候，她已经是年薪上百万元的管理者。

我辞职后并没有选择其他公司，而是直接创业。

创业是什么？是初生牛犊不怕虎的精神；是别人坐在办公室里吹空调"摸鱼"时，我却在大太阳底下晒着寻找客户的过程；是别人和家人一起休假时，我却把孩子和老公扔在家里加班到深夜；是别人安心地睡觉时，我却顶着脱发的焦虑思考公司的下一步发展……

我曾后悔过，尤其是一开始一直往里面砸钱，却看不到钱溅起一点点水花的时候。以前孩子眼中温柔博学的妈妈此时已经没有耐心给他讲一道题、读一个故事。焦躁、烦恼充斥着我的生活。

但我没有放弃，后期终于感受到了创业的快感。

当公司开始一点点有起色的时候，成就感、荣誉感慢慢地让我更有自信面对自己的未来。

比起从前浑浑噩噩，得过且过的日子，我更喜欢现在像"圣斗士"一样努力工作和生活。

……

我在创业第三年的时候，原单位因为互联网媒体、自媒体的壮大，业务锐减，大批裁员。

其实，我想说的是，不要留恋所谓的稳定，不要留恋所谓的舒适区，当你还心有不甘时，还想趁着年轻多做一些事时，请大胆尝试。

有的事情现在不做，一辈子也不会做了。

在这场演讲中，演讲稿极具情绪，而演讲者在演讲过程中也情绪饱满。

所有听众都被她的情感牵着走，演讲的时间不算短，但没有人觉得枯燥乏味，大家都听得很认真。

后来，冷静下来，我发现她的观点存在偏激，演讲稿也没有那么精彩，但是，在演讲过程中，她用带有情绪的故事、带有感情的演讲，打动了现场所有倾听者，让我对这次演讲记忆尤深。

别人讲故事，讲的是技巧，她讲故事，完全是在用感情提升倾听者的肾上腺素。

📖 案例分析

这个演讲稿最大的优点就是具有感染力。

仔细看这个故事,它一开始就抓住了倾听者的情绪。故事对细节的刻画展现了情绪,情绪的变化推动了故事的进程。

并且,故事中的情绪很容易引发创业者群体的共鸣:

故事开始,讲述者通过描述自己"钱多事少"的工作,带动听众的情绪是"羡慕"。

讲述者将自己辞职这件事告知家人,家人的反应是不解与愤怒,而带动听众的情绪是"不解"。

讲述者阐述创业过程中的艰辛,这一部分带动听众的情绪是同样作为创业者的"感同身受"。

创业获得成功时,再次带动听众的情绪回到"羡慕"。

短短一个演讲稿,其中变换了多种情绪。但是,整个故事所展现出来的情绪从原点到终点始终是积极向上的,是令人"羡慕"的。

所以,一个好故事需要有多种情绪去感染倾听者。

📚 知识点

1.情绪本身没有好坏之分,当讲故事的人把情绪加载到故事上,这个故事就"活"了起来。

2.每一种情绪的背后都有积极意义,讲故事的时候一定要注意情绪的回归。

3.每一种情绪都传达着一个信息,讲述者不能随便地将情绪传达给倾听者,每一个情绪背后都有讲述者的用意。

4.心理学家巴雷特研究发现:"当你能精确地描述当前发生了什么或者你到底经历了什么的时候,你会更容易找到处理这种情绪的解决方案。"

第九章　你的故事需要随时取材

素材来自平时

讲故事最重要的是素材，一般可以通过以下几种方式收集素材：平时阅读积累，将书中的好故事记录下来；利用碎片时间浏览网上的故事、段子、新闻等，将它们记录下来；特意购买故事素材的书籍，按分类收集素材；与别人聊天时，将他人所说的故事、段子记下来。

有读者可能会质疑："我平时生活平淡，从哪里积累那么多故事呢？"其实，你平时积累一个故事，可能在讲述的时候就会变成三个故事。

例如，我们在网上看到这样一个故事：

一天夜里，下着大雨，一对老夫妻来到一家旅店。他们想要一间房间，不过已经没有房间了，所以，前台服务员很为难地说："对不起，我们旅馆已经客满了，一间空房也没有剩下。"

看到两位老人失望的眼神和疲惫的表情，服务员紧接着说道："等一下，让我想想办法。"

于是，服务员将两位老人引领到一个房间，说："这间房子虽然不是很好，但是也能够避风遮雨睡一宿。"

两位老人谢过服务员，在这个房间里住了一晚。

第二天，两位老人要结账，服务员却对他们说道："不用了，因为我不过是把自己的房间收拾出来借给你们住了一晚，请不要客气。"

两位老人十分感动，说道："你真是个心地善良的孩子。"

之后，这个服务员就把这件事情忘记了。结果有一天，他收到了一张信函，邀请他去纽约，除一张机票外还有一封聘任书。

当服务员来到信中的地址时，看到的是金碧辉煌的大酒店。原来那两位老人是亿万富翁，他们为这个年轻人买下了一栋酒店，而这个年轻人就是大名鼎鼎的希尔顿酒店的首任经理。

这个故事很有趣，但是，这个故事用在我们平时讲述中有些不合适：一是这个故事网上随处可见；二是背景、人物与现实不符。但是，我们可以将故事改编一下：

在我刚入职一家汽车销售公司的时候，工作很累，钱挣得也很少。有一天，在我值班时，门口出现了一对老夫妇，他们衣着朴素，看起来比较疲惫。

老夫妇进入店里，没有别的要求，就是想要喝一杯水。当时我的经理见老夫妇不像是能买得起车的人，于是挥挥手十分不耐烦地要打发他们走。看到他们，我仿佛看到了自己年迈的父母，赶紧三步并作两步走上前："经理，他们只是想喝杯水。"

"他们会影响我们的销售，不是什么人都可以进来的。"经理看看我："我们的水不是花钱买的吗？而且我们的水是要给我们的客户。"

我尴尬地笑了笑，老大爷说道："出门的时候没带钱，等我们回去让儿子给您送过来。"

经理一副不相信的样子，看着我："一会儿客户就过来，赶紧把他们请出去吧。"

我给他们买了两瓶水，送他们出了门。

"孩子，你能不能借我十块钱，我们坐车回去。"老大爷开口说道。

我想了想，掏出五十块钱："你们打车回去吧，这天太热了。"

经理笑话我的愚蠢，说那对老夫妇一看就是"惯犯"。

我并没有理会，结果第二天，老夫妇来到店里，指名要我服务，买走了价值二百万元的汽车。

这个故事看似和模板故事不一样，仔细想想都是一个套路：

第一，主人公都很贫穷，或为钱所困。

第二，主人公遇到的看起来不起眼的人，都是"隐形富豪"，他们外表朴素，很多势利的人不愿意帮忙，但是，主人公为人善良热情，对他们伸出援手。

第三，结局都是主人公获得了好的回报。

实际上，遵循这样的套路还能写出很多故事。

案例分析

有人觉得自己的生活平淡无奇，没有可以作为故事素材的亮点。其实，故事素材并非要取材于自己的真实生活。

我们应该从内部渠道和外部渠道两个方面提高自己寻找故事素材的能力。

内部渠道指的就是我们的个人经历，或者是身边朋友、同学、同事、亲戚的经历。这里要注意，可能我们身边没有那么多亲戚，可以杜撰，只要逻辑、内容、情节合理，就是一个好故事。

外部渠道就是我们从网络上看到的，比如从微信公众号、微博、知乎、百度、垂直网站、书籍和课程看到之后，可以对原有的故事进行改编，最终变成自己的故事。

故事渠道我们知道从哪里找了，那我们如何收集素材呢？这里提出几个方法：

方法一，碎片化阅读时，及时收集素材。利用碎片化阅读来积累素材，在阅读公众号、浏览朋友圈的时候，如果看到好文章应立即收藏，然后对收藏的内容进行整理。

方法二，阅读书籍时做好金句摘抄。

方法三，随时记录灵感，用手机自带的备忘录记下一些突然涌入脑海中的灵感，不方便打字的话，还可以采用语音输入方式。先记下来，等空闲了再去整理。有时候，灵光一现的某句话，在某种情绪下的某个感慨，都可能成为你日后用得着的金句。

📖 知识点

1.认真体验自己的生活，关注生活中的细节，从平常的生活中找到亮点。

2.注意观察生活中发生概率较大的事件，或者关注热点话题，这一类一般情况下能够反复使用，能让我们编撰出更多故事。

3.真实的故事不一定完全呈现在故事中，虚实有度的故事更吸引倾听者。

把日常素材转化为故事

日常素材是指我们日常中的点点滴滴。

有人说日常小事也太小了，不值一提，我想说的是，再小的素材，也可以通过整合等方法把它们串联起来。

例如，写一段自己与父亲之间的感人故事：

当我还是一名高中生的时候，因为学校离家非常远，有一天，我的自行车坏了，父亲决定骑他的电瓶车送我去上学。

但是，在送我上学的路上，电瓶车车胎被碎玻璃片扎破了。原来是附近的修车师傅把碎玻璃片随手扔到了路上。看着轮胎扁了，我为自己不能按时到校焦急不已。父亲却走到路中间将碎玻璃片拾了起来，找了一个布兜将碎片装起来。

我不解地问："都什么时候了，您还捡它干什么呀？"

父亲憨厚地笑了笑："我们出来得还算早，一会儿咱们走着去学校，如果遇到出来晚了又着急的人呢，把它拾起来，大家都方便。"

我站在路边，想想父亲的话也有道理，于是和父亲一起捡起了碎玻璃片。父亲用实际行动告诉我，做人不能有"事不关己，高高挂起"的态度，而是要抱着"与人方便，与己方便"的处事态度。

上述这个短短的故事并非一件小事，而是生活中的三件事串联而成：

第一件，我父亲的电瓶车车胎被路上的碎玻璃片给扎破了。

第二件，附近的修车师傅把碎玻璃片随手扔在路中央了。

第三件，因为高中时学校离家远，所以我父亲送我去上学。

把几个不起眼的材料组合、充实后，故事就形成了。并且，整个故事还具有现实意义，非常感人。这种组合素材的能力在很大程度上影响着故事的谋篇布局。积累素材的过程中，选其所需为我所用，组合式处理必不可少。

除了组合式，还有"添砖加瓦"式。

一次，因为员工之间有了矛盾，我作为中间人，给双方讲了一个故事：

我因为突然出差，离开家十天左右。回来的时候，发现邻居家的小狗在我家的院子里跑来跑去。我一边庆幸自己出差十多天，自己家院子里的花草长势还好，一边生气邻居家的狗竟然跑到我家院子里。

于是，我捡起一块石头将狗打得嗷嗷直叫。邻居听到之后赶忙出来，看到我打她家的小狗非常生气："你为什么打我家的狗？"

"你家狗为什么来我家院子，祸害我家的花草？"我当时理直气壮地说道。

邻居狠狠地看了我一眼，甩上门就进屋了，我认为她就是做贼心虚了。

大概到了晚上七点多，邻居家十多岁的女孩来到我家，给我送来了新鲜的水果。我本来还生气，可是看到小姑娘甜美的笑容，心想就不跟邻居一般见识了。

小姑娘笑着说："阿姨，我们家的小狗欢欢到您家来，我们不知道，它做错了，请您别放在心上。"

我一时之间也不知道说什么，好奇这么不懂事的妈妈怎么有个这么懂事的女儿。

小姑娘继续说道："您不在家的时候，我妈妈常常进来给您家浇花浇草,可能欢欢以为您家的院子也可以进入,所以才给您带来这么大的困扰。"

我看看这个小姑娘,又看看门外的花草,想想也对,正值三伏天气,这些花草如果没有人打理,怎么会活得这么好。

小姑娘走后,我立即准备了些水果敲开了邻居家的门。

故事讲完之后,有矛盾的员工也愿意坐下来聊一下前因后果。结果在沟通中发现,彼此之间有些误会。因误会产生了矛盾,才会造成这样的局面。

调解完员工之间的矛盾,老板问我:"你讲的这个故事是真的吗?"

我如实相告:"故事是真的,不过,真实的故事是,我出差前请邻居帮忙浇花,然后她的狗也从没有进入过我的院子。"

的确,这个故事通过"添砖加瓦"的方式,将简单到用一两句话能说明白的事情丰富成一个有趣的故事。所以,生活中所有不值一提的小事儿,经过"添加"之后,都会变成一个有趣的故事。

☕ 案例分析

将日常生活当作素材需要再加工。

举一个简单的例子:

有一天我打扫卫生时,手上不小心扎进一个刺,我怎么也拔不出来,多亏了我老公细心地帮我将这根刺挑出来。

这是一个司空见惯的场景，讲起来肯定没有人愿意听，枯燥无味。

但是，如果这样写呢：

"我老公左手捏住我手指的两侧，右手拿针，看准刺的部位，沿着刺的周围拨开皮层，露出藏在肉里的刺儿。他小心翼翼地一针一针地挑，一针一针地拨，刺终于露出了头，他手上的汗也露出了头。他用针尖朝上挑一次，我便咬一次牙，眉头拧成了疙瘩……"

所以，我们的日常生活中不缺故事素材，缺的只是你把素材转化为故事的能力和技巧。

很多人觉得自己讲不出好故事，是因为文学素养不高或文字能力不强，实际上，简短的故事对写作能力并没有太高的要求，你只需有足够的耐心，积累更多的素材。

罗伯特·麦基曾写过："文学能力是充分利用了对文字的把握，能够将普通生活中的语言转化成更高级的形式和美妙的文字。故事力则是对生活的把握，拥有故事力的人能将普通的生活转化成更有力度、更富有意味的体验。"

📖 知识点

1.我们生活中的每一件事都有可能成为故事的素材,如果一件事不够,那我们就用两件事、三件事甚至更多的事拼成一个故事。

2.我们生活中发生的事像是一个干木耳,你需要用水才能泡发起来,成为新鲜的木耳。生活中的素材需要"添加",更需要措辞将它"泡发"起来,将一件小事改编成一个耐人寻味的故事。

3.生活中的事情大都很小,如果你只是记流水账,差不多就是一句话。但是,如果你将这些事儿的细节描述出来,就成了有趣的故事。

完美的故事需要日积月累

叶圣陶先生曾经说过:"文章写得好不好,虽然决定于构思、动笔、修改那一连串的功夫,但是再往根上想,就知道那一连串的功夫之前,还有许多功夫,所起的作用更大。那许多功夫都是平时做的,并不是为写东西做准备的,一到写东西的时候却成了至关重要的基础。"

这"基础"指的就是平时的积累,它除了生活的积累,还包括阅读的积累。

并非职场上所需要的故事就一定取材于职场,有时,我们生活中的故事也可以运用到职场中。

友人向我抱怨,工作太辛苦、太无趣了,很想辞职。

这时候，我通过一个故事给朋友以警示：

我的闺密小兰，她家庭条件特别好。她和她老公从大学开始谈恋爱，之后因为兴趣相投、志同道合走入婚姻。

结婚之后，房子是小兰父母婚前就给她买好的。一开始小日子过得也非常文艺且滋润，但是，随着小兰怀孕，两个人之间的矛盾越来越大。当时小兰的丈夫没有工作，由小兰工作养家，她怀孕后，怀孕反应比较大，无法继续工作，不得不停薪留职，在家里待产。

当一个家庭没有进的钱，只有出的钱，而且家庭将有一个新成员到来时，小兰开始计算支出，从孩子的奶粉钱、尿布钱，一直算到了要换学区房的钱，要上私立幼儿园的钱。

小兰的丈夫对此就很反感，天天跟小兰吵架，觉得她"俗"了，配不上自己。

于是，小兰刚生完孩子，他一脸严肃地提出了离婚。

小兰也不是个拖泥带水的人，果断同意离婚。房子、孩子和存款最终都归小兰。

没多久，小兰的丈夫就求着她复婚。原来太久没有工作的男人，不管是能力还是性格都无法胜任一份新工作。

工作或许很辛苦，但是没有工作才是成年人所面对的最大的辛苦。

对于成年人来说，经济基础是活着的底气。所以，就算对工作再不满，成年人还是需要一份工作支撑自己的日常生活。

其实，这样的故事有很多。有句话说得好："去一趟医院，就知道人生不易"，故事素材就来源于平时的日积月累。

案例分析

案例中的故事并不高明，故事里包括以下几点：

其一，男人不想工作，结婚生子后就是一个不负责任的丈夫和父亲，因为无法支撑家庭的日常开销。没有钱，一旦生病，全家人都会受苦。

其二，一个人的价值是通过劳动展现的，现在都说"躺平"，实际上这个词真的展现了一个人的不负责任与懒惰。所以，我们要趁着年轻时努力工作。

我们平时积累素材，是为了必要的时候直接用。世间悲欢离合场面最多的就是医院。如果你缺少素材，可以去医院里逛一圈，看遍人间疾苦，你就会得到更多的素材，而且都是真实的素材。

知识点

1. 所有的故事源于生活，所以要在生活中收集素材。

2. 要积累一些能够化解对立的故事素材，或者站在对方的角度收集素材。

3. 讲故事也要传播正能量，所以日常生活中我们需要多积累正能量的素材。

在倾听中得到故事素材

倾听，在《现代汉语词典》中的解释是"细心地听取"，大家都知道倾听的重要性，但很少人能够做到倾听。尤其是在职场上，管理者很少愿意倾听员工的想法和建议，一般情况下，管理者只需要表达看法，但是对管理者来说，倾听也可以获得不少故事素材。

孙婷是个很喜欢倾听的人，作为中层管理者，不管是老板还是员工，她永远都是那个认真倾听的听众。所以，老板、员工甚至是客户都喜欢与她聊天。她把自己听来的都当作自己故事的素材。

很多员工都觉得跟孙婷在一起很舒服，因为孙婷在听别人说话的时候是全身心投入的，不像有些人表面在听，但实际上心早就不知道跑哪儿去了，或者是手上做各种小动作，讲述者一看这种情形，也无心讲下去了。所以，倾听就是要认真听。

我们举一个很有名的例子：

松下幸之助是全球知名企业家，被誉为"经营之神"，他出身并不富贵，而是从一个小小的脚踏车学徒"逆袭"成为管理近百万名员工的跨国大企业总裁。当时，一个日本记者就采访松下幸之助，问他有什么管理之道。

松下幸之助只说了一句话:"细心倾听他人的建议。"

案例分析

松下幸之助指出了倾听的重要作用。其实倾听是有层次的,现在我们就来具体分析一下:

第一层,就是低级别的倾听,简单的倾听,不做出任何插话行为的倾听。但是,这种倾听往往是耳朵在听,心未必在听,心里可能在想"怎么还没有说完",如果表情管理得当,倾诉者看不出他的内心世界,就会产生一种"他在倾听"的错觉。这一层,不能叫作倾听,只能算是在听。

第二层,不仅耳朵听,而且把听的话传递到心里,这时候还不需要表情管理,因为用心听了,表情和动作会随之有所变化。这一层次的倾听,会让倾诉者感到信赖和舒服,因为当把对方的话听到心里,就会在意对方的语调、身体姿势、面部表情、手势等,彼此之间虽然一个在听,一个在说,实际上肢体上也会有所互动。这一层次的倾听,让倾诉者对倾听者心生好感,并且进一步增加彼此之间的感情。

这里有一个问题,你在听对方说话,但是,对方说的话或许有言外之意,你听到的或许只是他的表面意思,并没有加以理解,所以,这一层的倾听,虽说是倾听,但却是浅层倾听。

第三层,不仅听到心里,而且分析到位,把对方传达的信息表层和深层听透，并且从对方的言语信息、动作手势中找到有价值、感兴趣的信息，把这些信息放大，在对方结束倾诉之后，反馈给对方。一是让对方感慨你真的在倾听，二是让对方把自己真正想表达的深层意思再传达给你。如此一来，你不仅得到了对方诉求中的关键信息，还能够不加猜测地得到对方话语的真实意思。

并且，当你善于询问的时候，对方会认为你和他是同一条战线，彼此之间的感情会加深。

知识点

1.会倾听的人往往能够抓住他人话语中的重点，将别人的话转化成自己的故事。

2.会倾听的人往往能够吸引更多人跟自己沟通，很多生活中的趣事、糟心事儿都是通过人与人的交流得来，因此，会倾听的人会吸引更多的人，从而获取更多素材。

3.不要一听而过，而是认真听完，记录在可以随时翻看的笔记本、电脑等载体上，当你需要的时候，翻开看一看，素材多了就不愁讲不出一个好故事。

在与人沟通中挖掘故事素材

在沟通中挖掘故事素材,最能体现这一点的就是过年的时候,大家聚在一起,东家长西家短地聊天,你听的虽然都是琐碎的家里事,但实际上也是可用于故事的素材。

七大姑八大姨在一起聊起了某个邻居家的孩子:"哎哟,人家孩子了不得,小学的时候就省心,中学上市重点,高中上省重点,大学考上了北大。"

另一个接嘴道:"那又怎么样,不孝顺父母,工作后,一年两年不回来啊。"

"听说不是不孝顺,是太忙了,进了一家世界500强公司,刚上班月薪就一万五千元。"又一位插嘴道。

只见一个一直沉默的大姨突然以"知情者"的口吻说道:"你们都是从哪儿听来的,那个孩子只上了半个学期就休学了,听说患了抑郁症。这两年没回来,是在北京治病呢。"

所有人恍然大悟,有人说了一句:"哎哟,你说一个好好的孩子患抑郁症了,咱们的孩子虽然没那么大出息,可能够好好地陪在咱们身边。"

话音刚落，另一个人说道："还是王姐家的孩子出息，工作稳定。"

这个王姐突然叹了口气："我家孩子快把我气死了，好不容易考上的岗位，前两天跟我说辞职了，才半年就辞职了。"

七大姑八大姨开始惋惜，只有那个"知情者"意味深长地说："你不要这么说，孩子的人生还是需要孩子自己走，你干涉太多，孩子以后过得好还可以，一旦过不好，孩子也委屈。"

这些扯家常的话，能作为故事素材吗？实际上是可以的，比如，你要给即将毕业的大学生做一个关于"择业"的演讲，第二段谈话的例子可以放进去；如果你为了给压力过大的员工解压，第一段谈话可以糅合进去。

除了家庭聚会，朋友聚会时也能收集到很多有趣的素材。你在与人沟通中听到的大大小小的故事，稍加改变就能够运用在相应主题的故事里。

案例分析

人们在工作和生活中每时每刻都在进行沟通，从事管理的领导者也是如此。英国管理学家 L. 威尔德提出威尔德定理，他认为，人际沟通始于聆听，终于回答。

很多管理者认为下属就应该听自己的，实际上，大家都是有思维、有主见的成年人，很难完全做到服从与听从。所以，就需要我们用故事影响他们，而平时沟通中看似不起眼的小事也能成为好用的故事素材。

一位管理者若想成功，很有必要先听听职员都在说什么，多听听他们的意见和建议，从这些建议和意见里窥视管理不同的员工都需要什么样的故事。讲故事的时候因人而异，你的故事就能达到预期效果。

📖 知识点

1. 积极参加一些聚会对于积累故事素材有益，很多时候说者无心听者有意，只要你想积累故事，你所听到的每一个故事都是素材。

2. 学会倾听，也要学会沟通，倾听别人的话，沟通中引导别人说出你想听的内容。

3. 在沟通中可以通过提问让对方按照你想听的方向讲，每一个故事素材虽然不是你的亲身经历，但都是真实可靠的，真实素材编撰的故事更容易打动倾听者。

第十章　讲给下属的故事不能随心所欲

管理企业需要用故事解决问题

管理者希望从各个方面将公司管理好，这一节我们着重讲在各项管理中可以讲哪些故事。

先给大家讲一个"关于顾客"的故事。总有企业管理者询问："决定企业发展的因素到底有哪些？"

决定企业发展的因素有很多，这里讲一个友人管理公司的故事：

一个企业能做大，很多人觉得资金充足是首要原因。实际上，一个公司做大离不开"天时、地利、人和"。这三个方面决定了一个企业能否壮大，天时、地利说的是市场，一般情况下，这是公司无法左右的，只能说公司是否顺"市"而为。

但是，"人和"却是公司能够主动改变的一个条件。很多公司在乎的是"有客户",齐总对企业的发展有自己的规划,他更看重的不只是"有客户",而是客户为何选择他。

一次例会上,齐总问销售部:"这一季度,维持了多少老客户?增加了多少新客户?新增加的客户有多少是老客户介绍的?"

这个问题比较容易回答,所以销售经理做出了干脆利落的回答。

第二个问题,齐总问:"老客户看上我们什么?新客户为什么选择我们?老客户为什么推荐新客户给我们?"

销售经理想了想说道:"因为我们公司的产品好、售后服务好、销售团队更负责任。"大家都觉得说得很对。只有齐总摇摇头:"我给你时间,你去搞清楚我问的三个问题。"

销售经理为此抽调两个员工专门调研齐总提出的三个问题,结果真的找到了和他当时在会议上所说的差不多但又不一样的答案。原来,客户之所以选择公司产品是因为客户满意公司在管理方面的服务,比如采购、库存管理、售后服务等。

得到准确答案之后,齐总按照客户给出的建议,重新规划了销售部门和售后部门。在齐总作出调整后一年左右,越来越多的人愿意购买他公司旗下的产品,并不是因为产品优越于市场同类产品,而是他公司的服务优于市场同类公司所能提供的售后服务。

齐总带领公司从一家微不足道的小公司跃升为行业的领导企业。

很多人听完故事领悟出客户的重要性,公司要发展,一定要给精准客户提供精准服务。但有时候,企业不愁客户,愁的是公司内部。就像人们现在所说的"内卷""躺平"等。

老齐公司有一位中层管理者，他有一点自负，总觉得自己是一个优秀却"怀才不遇"的人，老齐跟他沟通过多次。这个中层管理者总觉得老齐有意打压他，甚至对此有点介怀。由于这个管理者身负要职，如果轻易辞退，以他的个性估计会到处抹黑公司，这令老齐头痛不已。

我跟老齐说，你去给他讲一个故事。对于这样的人最忌用贴合现实的故事，因为贴合现实的故事让他觉得你在"指桑骂槐"，因此，我给老齐准备的是一个源自英国的故事：

在英国，皮特不到二十岁就担任了英国首相，尤其是在拿破仑横扫欧洲的时候，皮特以无比的勇气与决心带领英国人和拿破仑政权决斗。

在政治上没有犯错误，在个人生活中也是一个好儿子、好丈夫、好爸爸，不抽烟酗酒、不家暴、不出轨，甚至在当时腐败的英国政坛中保持着洁身自好的习性。

可惜，天妒英才，他年纪轻轻就去世了。去世的皮特怀着满心的悲伤来到了天堂使者面前。天堂使者看着皮特："你为什么这么确信自己死后会上天堂？"

皮特想都没有想就说道："我作为一个政客，没有接受贿赂，从来不腐败，不与乌合之众打交道，而且，我个人私生活是那么简单而纯粹，像我这样的人肯定会上天堂。"

天堂使者还没等他说完就一脸不耐烦地说道："你说了半天都是你没做什么，我们对此不感兴趣，我们只想知道你到底做了哪些事情。"

故事到这里戛然而止，老齐照着这个故事稍作修改就讲给这个自认为"怀才不遇"的下属。并且，老齐在这个故事的基础上发出了灵魂一问："从个人方面来说，结婚多年，你为家庭做了什么？从公司层面来说，来公司这么久，你到底为公司做了什么？"

之后，下属的表现与之前有些不一样了。作为领导、作为管理者，有时候需要犀利地指出员工的问题。直接指出可能会引发不必要的矛盾，可以通过故事让他自己领悟。

的确，管理员工是最难的，因为跟人打交道本身就是一件非常困难的事情。

老齐在管理公司的过程中，很少会给员工安排培训，一些培训机构过来洽谈业务，也都被老齐以各种理由拒绝了。但是，最近老齐却很积极地给员工安排培训，原来是一家培训公司的业务员给他讲的一个故事打动了他：

有一天，IBM的总裁托马斯在公司看到一个员工坐在机器旁边无所事事。托马斯就问员工："大家都很忙，你为什么不工作？"

员工一脸无奈地看着托马斯道："我也没办法，我必须等待安装人员过来更改机器设定才能开展工作。"

托马斯微皱眉头："难道你自己不会动手安装吗？"

员工无奈地耸耸肩："抱歉，安装工作一直是有专门的人来做，而且，就算我会一点，我觉得这项工作还是需要等待专门的人来做。毕竟，我只会一点，如果安装过程中出了差错，我想我会犯下比不工作更大的错误。"

托马斯发现，安装工作并不难，但是办公室的人却都选择等专业人员过来，而这项工作只需要他们花几天时间就可以学会。

托马斯回到办公室，第一件事就是给这个办公室的员工们统一开展为期三天的培训，培训内容就是如何安装及更改机器设定。重要的是，这一点也写在了工作项目中，是需要考核的内容。

之后，托马斯再也没有看到办公室的人等待专业人员来才干活的情景，不仅节省了专业安装人员来公司安装的费用，而且提升了员工的技能。

这个故事之所以能够打动老齐，实际上还是因为产出与投入的比较。老齐发现如果给员工安排某些技能的培训，不仅能省去很多额外的支出，员工也会因为得到免费培训提升了技能而感激公司。

案例分析

三个故事，我们一一分析。

第一个故事：

企业想要发展必须从客户身上寻找答案，这一点也就是人们常说的，企业要学会洞察客户需求，才能更好地为客户解决问题。在市场经济时代，同类产品竞争很大，企业能否获得用户长久的青睐，除自身产品外还需要有强大的售后服务。

故事中，提出企业需要知道顾客是谁、顾客需求是什么。了解客户真正需求，就像案例中的公司一样，哪怕投入时间和资源，都要得到客户最真实的反馈。知道客户需要什么，企业自然也就明白应该在哪一个点发力，发力点正确，公司自然壮大。

第二个故事：

在工作中，作为下属，需要让管理者知道"你干了什么"。第二个故事的目的就是让员工反思在工作中做了哪些成绩，管理者在管理员工时，通过讲故事的方式能轻松地让员工把道理听进去。

第三个故事：

故事直接反映员工的工作流程与工作主动性。员工会有"懒惰"的想法，一件事能做，却因为不在自己职责范围内就不做，另外，员工还有"怕担错"的想法，比如故事中员工会一点但不敢做，就是怕犯更大的错。

公司给员工提供培训的机会，一方面提升公司的竞争力，另一方面让员工们受益，很容易增强员工对公司的感恩之心、黏性与信任。

📖 知识点

1.故事要因人而异，讲故事也需要"看人下菜碟"。

2.好故事能够对某件事产生影响，甚至解决某个问题，因此，故事从来不是随便讲的，需要有一定的目的。

3.管理者不仅需要给下属讲故事，也应该多听故事，进而反思自己的管理是否存在问题，这些问题又能否通过故事更好地解决。

领导者讲故事不能随心所欲

讲故事不能随心所欲，尤其管理者更不能随便讲故事。

前段时间，负责人事的江华给我推荐了技术大牛高明毅。用江华的话说："老板非常认可他的能力，但是无论我给出多么好的条件，他都不为所动。"

于是，我接手了这个特别的案例。见到高明毅时，感觉他并不是容易被别人想法左右的人。寒暄之后，我们开始沟通，得知他现在不愿意辞职的原因是公司虽然给的薪资不如我们公司多，却许诺公司上市后会给不少原始股。

我问道："是老板许诺你们的吗？"

高明毅点点头："是，我来公司很久了，当时就是为了组建一个团队，那时，因为老板说可以给我们原始股，所以大家工作都很积极。"

"但是现在并没有给，并且这么长时间以来，也没有任何其他形式的奖励？"我问道。

高明毅点点头，表情有点尴尬。为了缓解尴尬，我给他讲了一个故事：

我有一个表哥，在老家那边的一家公司上班。他属于编外人员而并非正式员工。为了能够晋升，表哥工作任劳任怨，刚进入公司的时候，他的上级领导也给他画了蓝图，跟他说："你可要好好干，你工作时间就要满三年了，晋升指日可待了。"

和他一个办公室的同事都点点头，表哥也跟着点头，这个领导鼓励表哥："你现在虽然不是在编员工，但是好好干两年就能成为正式员工。"

在三线城市，有无编制存在天壤之别，正式员工有考核奖金，表哥拿不到，但是公司的考核表却是表哥做的，待遇差距明显，表哥好多次都想要辞职，但想到领导的话就放弃了辞职的念头。而同事说："你只是编外员工，没有资格申报考核奖金，你就知足吧。"

可是每次晋升的时候，表哥都落选。工作干了不少，可是这薪资待遇一点儿没有上涨。他的上级领导永远都是同一套说辞："你是办公室老员工了，经验足，你就多辛苦些，大家都记得你的好。"

这就让表哥想到当初进公司时，就是这个领导找他谈话，希望他能够进办公室工作："你的学历高，又这么年轻，进入办公室最合适，办公室能锻炼一个人的能力，成长得快，过不了两年就能被领导看中，再到分公司锻炼两三年，回来就能转为正式员工。"

这么多年过去了，表哥任劳任怨，早出晚归，却还是没有升职。他从一个年轻小伙如今迈入了中年大叔的行列，年轻的同事不断地被提拔、调走，可他连一个办公室主任都没捞到，理由仍然是"你是编外人员，做办公室主任不合适"。

后来，晋升无望的表哥一狠心辞了这个看起来"挺好"但实际上毫无前途的工作。

表哥离开后进了另一家企业，现在干得还不错。

听完故事，高明毅并没有很明显的反应，这个故事对他来说到底有没有作用，我并不清楚。

如果他的老板是一个信守承诺的人，或许这个技术大牛我们就"挖"不过来，但是，如果他的老板和表哥的上级领导一样，只是给他画个"饼"，这事儿十有八九就能定下来。

两个多月过去了，江华一个电话打过来："领导，你也太厉害了，怎么说服他的。他刚跟我联系，说是如果带整个团队过来，条件是什么？"

之后，高明毅带着他的团队一起来公司办入职手续的时候碰到我，跟我说："您讲的故事其实我深有感触，我为公司效力那么多年，别说原始股，就连工资都没有涨过。但我还是把希望寄托于原始股，毕竟我这个年纪面临结婚生子，处处都要钱。只不过，让我没想到的是，公司真的上市了，可我们这个技术团队却惨遭淘汰。我本来也很犹豫，想看一下能够给我们多少原始股，等来的却是被辞退的通知。"

我所讲的故事是以真实故事为基础的，只是多了些"虚写"。我的表哥并没有辞职，换领导之后很快就晋升了。

故事让他心生芥蒂，毕竟为公司效力多年不涨工资也并非一般老板能做出的事儿，只是，我没想到高明毅的老板实在没有多大格局。其实，这个故事也为管理者提了个醒，那就是在讲故事的时候千万不要随意承诺，如果你兑现不了，就不要讲出来。

案例分析

乱开空头支票是"轻诺寡信",即很轻易答应别人的要求,实际上却无法做到。理论上来说,"轻诺"必然是"寡信"。身为领导,手中当然握有一定的权力,但谁的权力都不是至高无上的,领导本身受种种制约,很多事情不是他一个人说了算。

对于故事里表哥的上级领导,他并非说了不算,但他还是一而再再而三地食言,再好脾气的下属也无法忍受。

再说高明毅,但凡他的老板是个守信的人,我们聘用这位优秀技术人才的计划都无法成功。有趣的是,不仅高明毅来了,优秀的技术团队也过来了。从与高明毅的沟通中得知,他的老板很喜欢给他们讲故事,故事里都是对他们的承诺。

高明毅后来跟我说:"自己本来也是有怨言的,听完故事,怨气更重了。那时候有一些动摇,但还是想看看分多少原始股,分得少也过来(你们)公司。结果不给也就算了,还逼迫团队中的几个成员辞职。"

所以,高明毅最终被"挖"过来,是我的故事起了作用,还是他的老板总是轻易许诺不兑现最终让他失望透顶?

知识点

1.作为员工,总是听到老板讲一些许诺的故事,就要当心了,你要认真分析,老板是诚心诚意地"重诺",还是给你画一张"大饼"。

2.作为管理者,能够兑现的诺言可以讲,必须讲,但是无法兑现的诺言一定闭口不谈。领导不能随便讲故事，每个说出口的故事都需要深思熟虑。

3.领导讲故事有讲究：一是故事要有能够吸引人的情节和细节；二是故事必须符合公司发展现状，或者说符合组织要求；三是讲故事一定要看对象和环境，在适合的环境下给合适的人讲；四是故事一定要有价值，能够带给倾听者启发。

六类故事帮助领导者解决企业问题

在这一节，我们把企业的问题划分为六个主题，每个主题都用故事的方式来解决。

第一个主题"标准"：

一个公司的各项工作评判都有标准，当一个不符合评判标准的员工产生怀疑，找到管理者询问："我每天都做得很好了，为什么考核的时候我不及格？"

如果管理者只是告诉他，他的工作没有达到标准，员工十有八九是不服气的。所以，管理者需要用故事"点醒"员工。

从前有一个小和尚，负责撞钟这个任务，小和尚觉得自己的工作轻松得很，只需要每天撞钟，但是半年下来，小和尚觉得以自己的能力干撞钟这件事，太容易了。

但是,他的师父却以"他不能胜任撞钟一职"为由,让他去后院劈柴挑水。小和尚不服气地问道:"我每天按时敲钟,怎么就不能胜任了?"

小和尚的师父慢悠悠地说道:"你撞的钟虽然很准时,也很响亮,但钟声空泛、疲软,没有感召力。钟声是要唤醒沉迷的众生,因此,撞出的钟声不仅要洪亮,而且要圆润、浑厚、深沉、悠远。"

所以,虽然小和尚撞了半年的钟,实际上并不胜任这份工作。

第二个主题"利益":

一些管理者在跟员工谈"利益"时,总是不到位,管理者认为能够吸引员工的利益点,在员工眼里一无是处。所以,和员工谈利益问题,管理者不妨讲下面这个故事。

在20世纪90年代,上海一家纺织厂销售员辛苦谈来的订单,却不能按时、按量交付成品。纺织厂"出货"难直接影响了纺织厂的正常经营,为了调动员工们的工作积极性,提高整体的工作效率,纺织厂负责人制定了一个具体的奖励办法:

超额完成正常工作任务20%的员工将在年终获得奖金1万元;超额40%及以上则可获得奖金2万元。20世纪90年代,1万元、2万元不是小数目,所以,在这样的奖励下,员工都自愿加班加点完成订单。奖励制度的实施激发员工积极性,很快就扭转了"出货难"问题。

所以,作为企业的管理者,一定要明白:与员工分享利益,重点在于

"直截了当",让员工清楚地了解自己能够得到多少利益,才是保证企业终极利益的根本。

你为员工定的制度是否能够让员工愿意遵循,你跟员工谈利益,是否真的让员工觉得对自己有利,这些决定了员工对公司的忠诚度。

第三个主题"沟通":

每个人都知道职场沟通的重要性。作为公司管理者,都希望自己能做到有效沟通。但是,实际上,很多管理者与员工的沟通都是无效的,在这里,我们看一个故事。

主持人问一个五岁的小朋友:"小朋友,你长大想做什么呀?"

小朋友用坚定而清脆的声音回答道:"我要当飞行员,我要开飞机。"

主持人问道:"如果有一天,你的飞机飞到了太平洋上空,所有的引擎都熄火了,你怎么办?"

小朋友想了想说道:"我会让所有的乘客系好安全带,然后,我挂上降落伞跳出去。"

主持人听到这个答案问道:"你为什么要跳出去啊?"说这句话的时候,主持人突然觉得眼前这个小朋友并不像之前那么可爱,一个把整个飞机乘客留在熄火的飞机上,自己带着降落伞跑出去的小朋友,难道就是"人性本恶"的展现?

这时,小朋友不假思索地回答道:"因为我要去拿燃料,我还是要回来的,他们系好安全带就可以安全地等我回来。"

故事告诉我们，沟通最忌讳某一方的"想当然"。沟通最重要的是倾听对方的话，而不是主观上的"想当然"，要知道沟通是想法与观念的交流，始终是两个人的事情。

第四个主题"目标"：

很多员工总认为公司、老板在给自己"画饼"，这种"画饼"的行为让员工很反感。我们来说说，为什么你辛辛苦苦制定的目标，反而在员工那里成了"画饼"。

一个人在一条河里游泳很多年，按理说他很清楚河面的宽度，但是，有一天，他刚下河不久，河面起了浓浓的大雾，一时间他辨不清方向。

在他按照自己的记忆游了一段时间之后，他发现根本没有到岸边，他有些惊慌失措，因为按照往常的时间，应该登岸了。

他开始慌张、害怕，眼前是浓浓的雾，他什么都看不到。如果不是平时一起游泳的朋友突然发现他，他可能真的慌不择路了。等到雾慢慢散去，他才发现，自己离岸边只有十米左右的距离。

看到的是目标，看不到的就是茫然。

第五个主题"制度"：

有了标准还需要制度吗？答案是需要。

标准和制度解决的问题不一样，之前一个创业者来找我，说自己的公司规模不大，只有二十多个人，但是就这二十多个人还整天内讧。本来公司业务挺有前途，但是由于内部不合，很多项目因为公司内部人员操作不当流失了。

1998年,某集团上海分公司的一位销售主任,在大年夜特意飞到深圳总部"讨说法"。起因是销售主任与总部空降的销售经理发生了严重的工作冲突,分公司正副经理偏袒销售经理,直接作出解雇销售主任的决定。但是集团在解雇员工上有严格制度,如果基层管理者在工作上犯错,首先是降职观察,降职后仍表现不好,才能将其辞退。

集团调查表明上海高层违反解聘制度后,想要进一步处理,但是销售经理"要挟"总部,如果总部撤销辞退销售主任的决定,他作为销售经理直接辞职。

如果没有制度,可能鉴于销售经理与销售主任相比为公司做出了更大贡献而选择默认销售主任被辞退的决定。但是,该集团却制度高于一切,命令上海公司领导收回解雇的决定,销售主任降职降薪,接受销售经理辞职。

所以,公司一定要有制度,并且一定要执行,也许在很多事情上出于情感偏好没办法做到公平公正,那么就想办法通过制度让所有人都能感受到公平公正。

第六个主题"用人之道":

公司员工都各具特点,掌握"用人之道"才能让员工各司其职,发挥所长。

朋友公司里就有两位性格特别迥异的员工,一个是销售专业出身的"铁面无私",一个是财务专业出身的"老好人"。他们两个一开始处于不同的部门,"铁面无私"所在部门,员工们叫苦连连,而且因为销售中多和客户接触,所以有时候客户都不愿意跟公司打交道。"老好人"被分在了财务部,各种发票一律报销,总之就是不得罪人。

这个问题就凸显了,销售部门"铁面无私""怼"走了优秀的销售员和客户,财务部门因为"老好人"平白无故让公司流失了很多财产。

老板觉得不行,于是听高人指点,将两个人的职务换了一下。之后,销售部门的"老好人"哄得业务员和客户都很开心,业务越来越多;财务部门因有了"铁面无私"的员工把关,很多不符合报销流程、报销范畴的都被他挡在门外。

所以,用人之道不只看员工的专业适合哪个部门,也要考虑到个人的性格和脾气更适合哪个部门。

案例分析

对于管理者来说,掌握讲故事的技能尤为重要,针对不同的问题要有不同的故事,上面我们分别以"标准""利益""沟通""目标""制度""用人之道"为主题讲了不同的故事,接下来,我们分析一下讲故事需要注意的六个方面。

第一,明确自己是谁,更容易被公司员工认识和接纳。所以,讲故事是管理者更好地把自己的形象传达给员工的方法。

第二，故事是向员工传达公司的理念，当大家都知道你是谁时，你需要在故事里阐述你想表达的观念。目的实际上就是促使你与员工的高效沟通，这种沟通拉近你和员工之间的距离。

第三，带有教育意义的故事，在工作中的目的就是指导员工。所以，具有教育意义的故事往往会被广为流传。在管理企业的时候，教育意义的故事大多会围绕工作方法、工作态度，让员工从故事中受到教育，从而指导他们思想升华、行为提升。

第四，愿景故事。愿景不是"画大饼"，所以讲故事的时候一定要注意现实性、逻辑性。这一类故事，讲好了能够提高士气，增强员工忠诚度，所以这类故事讲的时候一定要真心真意。

第五，价值观故事。所谓价值观故事，就是管理者向员工传达的企业文化、企业价值。所以，通过故事将三观传达给员工，与企业三观一致的员工更加忠诚，与企业三观不符的员工也能另寻合适之处，彼此不耽误。

第六，管理者管理企业，实际上管理的就是"人"。对于管理者来说，只有知己知彼才能做到百战百胜。从员工的角度出发去思考，通过故事的方式讲述出来感动、打动员工，管理者就能更好地管理企业。

所以，管理者所讲的每一个故事都应该有直接的目的，而这些目的最终达到的效果就是增强员工的自豪感、忠诚度、工作积极性。

知识点

1.故事要"因人而异""因事而异"，用不同的故事解决管理过程中不同的问题。

2.故事风格和类型永远只是点缀，想要讲一个能够管理企业的故事，至少要掌握多种类型故事的特点，根据不同的管理需求讲不同的故事。

3.管理者应该在工作之余多看一些与故事相关的书，有一定的故事储备。

不会讲故事的领导容易"吃亏"

我们以两位不同的管理者为例，一个是喜欢讲故事的老陆，另一个是不喜欢讲故事只喜欢讲道理的老邢。

公司每年年底都有一次述职，就是管理层向员工下属阐述这一年来自己所取得的成绩，我们先来看老邢是怎么说的：

在这一年里，我们取得了很大的成绩。我可以在专业领域做得更好，我不断地给自己定了很多目标，但后来发现那不是我真正想要的。不是目标引领我们前进，因为目标仅仅是个方向，人生也不是达到一个目标后再达到一个目标后的枯燥直线，而是一个总是在被动调整目标的精彩曲线，因此，我们不能执着于目标，更不能担心达不到目标，执着于目标叫作欲望，担心达不成目标叫作压力和焦虑，是欲望我们就可能不择手段，是压力我们就可能急功近利，如果不是目标引领我们前进，引领我们前进的到底是什么？

直到今天我才明白，引领我们前进的其实是一种充满希望和信念、兢兢业业活在当下、踏踏实实做好本分、凡事都往好处想的积极心态。

我从不后悔自己学习任何东西所花费的时间和努力，因为人不可能有先见之明，把那些生命中的点点滴滴事先都串起来；只有在回头看的时候，才会发现这些点点滴滴之间的联系，生命的轨迹变得非常清楚。所以，我坚信，我现在所经历的，幸福也好，痛苦也罢，将在我未来的生命中串联起来。正是这种信仰让我从没有失去希望，它使我的人生开始精彩。

老邢的述职写得相当认真，然而不仅员工哈欠连天，就连领导们都向他投来无奈的目光。而且，他演讲的时间很长，好不容易等他讲完，大家没有热泪盈眶、激情饱满，而是敷衍地鼓掌。

我们再来看一下老陆，他把自己这一年的经历串成了一个故事：

在我踏入公司这几年，从对这个行业什么也不懂，到现在已经能够带领我的团队拿下一些领域里的尖端项目。很高兴能幸运地加入这个大家庭，见证了公司成长，也见证了我自己的成长。

在过去的一年里，我们团队大大小小的项目也经历了二十来个，有的做得非常好，有的做得很一般，但是在每个项目的执行过程中，通过领导的指点、同事的分享，总能收获到自己想要提高的经验或者知识，对自己建立完整的知识体系起到很重要的作用。

其实，我在担任部门经理之后，思想也曾一度滑坡，那时候觉得自己是管理层了，不用靠技术吃饭了。但是，我同学的遭遇给了我当头一棒。

同学和我一样都是知名院校研究生毕业，我毕业之后来到咱们公司，他也不错，进了一家规模与我们相差不大的公司。经过几年的历练，他晋升得很快，我们的起点都一样，但在我还担任工程师的时候他已经是公司中层管理者了。

在思想滑坡的那几个月，我在同学聚会上听到他的遭遇，他晋升为管理者之后就慢慢地放下了技术，专业本来是我们的根本，他却忘本了。在他担任一年多管理者之后，他所在的公司出现了一次大规模的技术问题，当时他临危受命，结果他没有让大老板满意，把这件事办砸了。

其实也不怪他，但是他自从晋升之后的确在专业路上没有前进，有时候原地踏步就是退步。三个月后，他被辞退了。说实话，这件事对我的触动很大，之后思想就不敢滑坡了。

老陆通过这个故事让下属、员工们信服，让他们知道原来领导也有犯错的想法，但领导觉悟高，自己能够回归到正轨。对于在座的大领导来说，虽然老陆滑坡过，但很欣赏他这种自我反思后自我调整的能力。这样讲非常有助于获取下属的信任和上司的欣赏。

我们作为旁观者，会发现老邢多少有一点"老王卖瓜自卖自夸"的意思，并且在"刻意制造氛围"，实际上，没有人愿意听。而老陆的故事让所有人都将他的每一句话听到心里。

☕ 案例分析

我们来分析一下，为什么老陆的故事能够让人听进心里去：

老陆在故事里，讲出了自己作为普通人的喜怒哀乐，从技术员一直做到部门经理，晋升过程中所遇到的最大困难，竟然是自己的思想滑坡，这就让听故事的员工恍然大悟："原来领导也是普通人，也有犯错的心思。"但是，老陆在思想滑坡那几个月里，他并没有犯任何错误。

也就是说，如果老陆不是"自曝家丑"，可能没有人知道那段时间他曾思想滑坡，这就让下属和上级都对他产生了好感，他用这一点证明了不管自己情绪、态度如何，都不会影响工作。

老陆说自己思想滑坡之后听了同学的故事之后改变了自己的想法，回到正轨。这一点拉近了自己与员工的距离，也让领导看到了自己的能力。

所以，老陆的故事没有白讲，这个故事有力、自然，让人耳目一新，拉近了自己与下属员工的距离，还在上级面前"刷了"好感。

📖 知识点

1. 故事可以激励人们，会讲故事是创造力的一部分，通过故事表达出自己的努力、成就、改变，这种方式更自然，并且能够让人更加信服。

2. 故事的力量惊人，可以帮助管理者更进一步得到下属员工的支持，得到上级领导的赞赏，所以，会讲故事是领导力的一种关键手段。

3. 讲故事超越所有管理工具，比如，在创业时可以通过讲故事的方式激发员工积极进取，增强员工凝聚力、自豪感；又如，通过自己的真实事迹为员工树立榜样，得到员工的尊敬。

下篇　如何讲故事

倾听和沟通是讲好一个故事的前提

一些管理者挺喜欢讲故事，但是自己讲的故事没人爱听。你的故事是否会有员工认真听，甚至认真思考，源于你在讲故事之前有没有倾听员工说话，有没有和员工沟通。

一个公司老总很喜欢讲故事，有一天他来找我，非常疑惑地问道："都说讲故事可以更好地管理企业，但是我这么喜欢讲故事，为什么没有任何效果？"

"你讲一个案例，我听一下。"我跟他说完，他就说了一个案例。

有一次在开例会的时候，我讲了一个故事，故事内容大致如下。

春秋战国时期，有一个叫作李离的监狱官，有一次，他在审理一个案子的时候，因为听了一个下属的一面之词，结果冤枉了一个犯人，并且逼死了这个犯人。后来，经过查案，李离发现自己错了，于是准备以死谢罪。

这时候，他的上司就跟他说："你这又是何必呢，虽然犯了这样的错误，但是又不是你查的案子，谁查的就让谁担这个责任。"

李离说道："我平时没有跟下面的人说我们一起来当官，我拿的俸禄也不曾跟下面的人一起分享，如今我犯错了，又如何让下面的人跟我一起遭罪呢?"

说完,李离就自杀了。

这是一个历史故事,简短明了。但是,如果你知道他讲这个故事所涉及的公司事件,或许就不会认为这是个恰当的好故事。

公司本想拿下一个客户,但是,因为销售经理觉得这个客户的负责人是一名老业务员,应该熟悉业务流程,在服务中会满足客户需求,所以没有叮嘱他注意细节,结果细节上出现了令客户不满意的内容,所以客户一怒之下撤销了订单。

销售经理见客户撤了订单,找到这个客户的负责人,但这个负责人并不觉得这是自己的错。而且,这个负责人平时和公司老板的关系不错。销售经理把这件事汇报给老板,本来希望老板能够就这件事在例会上给大家提个醒,做业务注重细节,一定要把事情做好、做到位。没想到,老板讲了一个故事。

销售经理开完例会就递了辞呈,无论老板怎么挽留都坚决离开。

为什么?因为这个老板之前听销售经理汇报这件事的时候就没有听进去,所以在例会上讲了这样一个故事。在销售经理听来,这个故事是敲打他,让他担起客户撤销订单这件事的所有责任。

没有认真听员工的话,没有好好地跟员工沟通,结果以故事的方式使最得力的销售经理"被迫"离职。

这个老总讲完案例之后也陷入了沉思,他说道:"我就是想说,团队需要一起承担责任,谁承想他没有理解。"

我摇摇头:"并非对方没有理解,而是你的故事的确有问题。"

"那我该讲一个什么样的故事?"他看向我。我想了想说道:"如果当时你讲一个'遮掩'的故事,或许就皆大欢喜了。"

我告诉他方法:"以后遇到这种情况的时候,一定要倾听下属的想法,要跟下属沟通好,如果得知员工的想法,或许把故事修改一下更适合。"

古时候,有一名监狱官,他为人正直,办案公正,但即便如此,有一次办案中,因为下属的疏忽导致他错判了一个案子,这个案子还牵扯到一条人命。于是,他直接跟上级官员说道:"是因为我当时的疏忽导致了这个错误的案子,我决定自己承担所有罪责。"

他的上级却对他说:"一个案子是由整个衙门的人参与的,并不是你一个人的错。"

"可是我当官的俸禄从来没有给过我的下属,现在我犯了错误理应自己受罚。"

他的上级又说道:"可是跟着办案的也都领了俸禄,也没有给你,所以,只要是参与这个案子的人,都需要承担不同的责任。"

因为这件事情大家都受到了不同的责罚,之后这个衙门再也没有出现过冤假错案。

我将这个故事讲完之后,他叹了口气:"如果当时我讲的是这个故事,他(销售经理)估计就不会多想,也不会辞职了。"

☕ 案例分析

我们对上面的案例进行以下分析：

为什么老总的故事讲完之后，销售经理辞职了？

第一，销售部犯错误的人与老总关系不错，所以，事情发生之后，销售经理就汇报给老总。在销售经理看来，事情的来龙去脉已经说清楚，自己有错误，但是客户的负责人问题更大。这时候销售经理愿意跟着一起受罚，但要罚得明白清楚。

第二，老总讲的故事虽然别人听着不会多想，但是在销售经理看来，就是老总在故意偏袒，尤其是故事中的衙门衙役本该全部受罚，唯独监狱官自行了断，似乎就是老总在暗示自己。

老总的故事到底想表达什么？他讲故事的目的肯定是留住销售经理，结果弄巧成拙。

讲了一个错误的故事，没有真正了解听故事的人的真实想法，也没有跟他很好地沟通，导致相互之间发生误会，且成了一拍两散的借口。

所以，如果想给员工讲故事，管理者应先倾听员工怎么说，沟通之后，选择一个更适合的故事讲给他。

📖 知识点

1.作为管理者，只有注重并善于倾听下属员工的意见和呼声，才能从下属中汲取智慧和力量，明白下属员工的想法，讲出让员工思考之后做出更好抉择的故事。

2.好故事不仅仅需要我们张口讲出来,更需要我们用耳朵去倾听、用心去揣摩,结合情境需要,将所有信息糅合在一起,讲出一个能够说服员工的好故事。

3.想清楚讲故事的目的,不要为了讲故事而讲故事。